© 2015 ZS Verlag GmbH
Türkenstraße 9
D-80333 München

ISBN: 978-3-89883-493-3
3. Auflage 2016

Projektleitung: Silvia Kuttny-Walser, München
Umschlag & Innengestaltung, Satz & Litho: NETWORK! Werbeagentur, München
Umschlagfotos: Helge Kirchberger Photography, Salzburg
Herstellung: Peter Karg-Cordes, München
Druck & Bindung: GGP Media GmbH, Pößneck

www.zs-verlag.com
www.facebook.com/zs-verlag

Der ZS Verlag ist ein Unternehmen der Edel AG, Hamburg.

ROLAND TRETTL
mit
CHRISTIAN SEILER

SERVIERT

DIE WAHRHEIT ÜBER
DIE BESTEN KÖCHE
DER WELT

Ein Insider berichtet

INHALT

Vorwort	9
Der Anfang von allem: Eckart Witzigmann	13
Das „Hangar-7"-Konzept	22
Deutsche Küche, Sushi und Erdbeeren. Mein Jahr in Japan	30
Wie Köche miteinander reden oder: Worte sind nicht das Wichtigste	36
Mein Freund Gérard Depardieu	38
Ein Koffer voll Kobe Beef. Was ich alles über die Grenze schmuggelte	41
Der Blick über den Tellerrand: Warum es wichtig sein kann, einen Porno zu drehen	45
Rambazamba. Warum so viele Köche Choleriker sind	50
Das Fiasko in der Luft und am Boden. Über die Verpflegung auf Flugreisen	56
Wie uns fremde Kulturen verändern. Oder wir sie	59
Jeden Monat den Kreis zum Quadrat machen: Die technischen Herausforderungen der „Hangar-7"-Küche	61
Schwein mit Kaviar. Von Santi Santamaria	66
Gerichte, so gut, dass ich weinen musste	69
Steinbutt, Misobutter, grüne Mango und Papaya. Von Pascal Barbot	72
Papada, Jakobsmuscheln, Shiitakepilze und Topinamburchips. Von Peter Gilmore	75
Die besten Köche der Welt (und mein liebstes Restaurant)	78
Sautierter Babyoktopus mit Zwiebelragout und Pedro Ximénez. Von Xavier Pellicer	85
Champion des Abschmeckens: Daniel Patterson	87
Gefrorene Limetten-Marshmallows, gegrillte „Meringue". Von Daniel Patterson	91
Das Scheitern auf Sterneniveau	94
Bali und seine Geister	97
Mexiko und seine Unmöglichkeiten	99
Warum wir in Europa keine Sushi oder Dim Sum zubereiten können	102

INHALT

Warum die besten Köche auch im Umgang am einfachsten sind (und umgekehrt)   105

Die Arroganz des Yannick Alléno   107

Das große Fressen. Ein Lunch im „Arpège"   111

Plagiate. Wenn Spitzenköche Ideen klauen   115

Gefüllte Tomate mit Avocadosauce und bretonischem Hummer. Von Dani García   120

Gastrokritik und Foodblogger. Eine Kritik und ein Nachruf   122

Frauen in der Spitzenküche. Die Gretchenfrage   127

Die Flasche neben dem Herd. Hat die Spitzenküche ein Alkoholproblem?   132

Wenn Gäste nicht erscheinen: Das No-Show-Problem (und ein kluger Lösungsvorschlag)   135

Der Michelin. Sterne vor die Säue   139

Seeigel im Hummergelee mit Blumenkohl, Kaviar und Algencracker. Von Richard Ekkebus   143

Gift für die Spitzenküche. Der Gault Millau   147

Was wir von der Nordic Cuisine lernen können   150

Wie teuer darf gutes Essen eigentlich sein?   155

Welcher Gast will zwanzig Gänge essen?   157

Schöner ist Essen nie: Foodsharing im Family Style   161

Sticky Rice mit Mango. Von Ian Pongtawat Chalermkittichai   164

Warum ich am liebsten, schleck, mit den Fingern esse   167

Sorbets vor dem Hauptgang: Ein Irrtum   170

Auf jedem Tellerchen ein Kräuterchen oder eine Blüte: Noch ein Irrtum   172

Stickstoff und Molekularküche: Schon wieder ein Irrtum   174

Warum Gemüse nicht tourniert und Fleisch nicht geometrisch geschnitten werden muss   176

Wer, verdammt, will immer diesen Gruß aus der Küche essen?   178

Vorschlag zur Güte: Gebt uns kein Brot mehr vor dem Essen	180
Nach dem Dessert ist vor dem Dessert. Die Unsitte der Petits Fours	184
Welche Regeln Kellner endlich brechen sollten	186
Gebt mir etwas anderes zu trinken als Wein. Und haltet mir die Sommeliers vom Leib!	193
Die bunte Alternative: Warum ich Cocktails zum Essen liebe	197
Tragisches Ende: Warum der Kaffee im Spitzenrestaurant immer so schlecht ist	199
Rauchen ist doof. Aber gebt den Rauchern eine Chance	201
Auferstanden aus Ruinen: Das Salatbuffet widersteht jeder Veränderung	203
Warum das Kochen Handwerk und nicht Kunst ist	205
Wann Köche berühmt werden – und warum berühmte Köche selten kochen können	208
Kochshows sind besser als ihr Ruf. Nicht alle, aber viele	210
Kann ein Koch, der sich schlecht anzieht, schöne Teller anrichten? Eher nicht	213
Lasst das Streetfood in Asien und gebt mir eine gute Currywurst	215
Warum soll ich meinen Herd nicht verwenden?	217
Das Produkt, über das am meisten gestritten wird (samt den besten Gerichten aus Foie gras)	218
Magnum von der Gänsestopfleber. Von Massimo Bottura	221
Lebensmittel, auf die ich nie mehr verzichten möchte	223
Biomäßig bin ich Atheist	226
Das letzte Kapitel	227
Danksagung	230
Namensverzeichnis	232
Restaurantverzeichnis	235
Stichwortverzeichnis	236
Bildnachweis	238

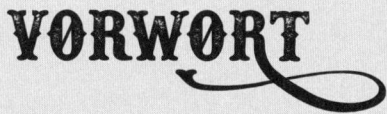

Normalerweise steht an dieser Stelle eines Buches etwas Freundliches. Vorworte stammen in der Regel aus der Kategorie „schmeichelweich". Meistens greift der berühmteste Freund des Autors in die Harfe und lässt den Leser in schönen Worten wissen, dass er mit dem Kauf dieses Buches etwas richtig gemacht hat.

Dieses Buch aber ist nicht schmeichelweich. Es ist eine kulinarische Streitschrift. Nach zwanzig Jahren in der Gastronomie habe ich das starke Bedürfnis gehabt, endlich einmal Stellung zu nehmen zu so vielen Themen, die mir bei meinen Streifzügen durch die besten Küchen der Welt aufgefallen sind.

Ich habe etwas zu den Verirrungen der Spitzengastronomie zu sagen, zu den Unsinnigkeiten, die landauf, landab für Normalität gehalten werden, zu den sinnlosen Anstrengungen der Köche, die ihren Gästen Speisen aufdrängen, die diese gar nicht wollen, zur Arroganz der Sommeliers, die glauben, dass ihre Weinauswahl das Alpha und Omega eines gelungenen Abends ist, zur Unfähigkeit der Gastronomieschulen, ihre Schüler auf das vorzubereiten, was sie in der Praxis wirklich erwartet.

In meinen Jahren als Küchenchef unter der Patronage von Eckart Witzigmann – zuerst im „Ca's Puers" auf Mallorca, später elf Jahre lang als Executive Chef im „Hangar-7" in Salzburg – habe ich zum Beispiel erlebt, welchen zerstörerischen Einfluss die angeblich besten Freunde des Gastes, die Restaurantführer, ausüben.

Ich habe mich mit meiner Kritik am *Gault Millau* und am *Michelin* auch nie zurückgehalten, was mir sehr oft das Schulterklopfen von Kollegen eingebracht hat, die mir „Du hast ja so recht!" ins Ohr flüsterten. Aber sie flüsterten sehr, sehr leise, damit keiner vom *Gault Millau* oder vom *Michelin* sie vielleicht hört.

Weil ich den *Gault Millau* aber wirklich für schädlich halte und mit seiner Beurteilungspraxis alles andere als einverstanden bin, kritisiere ich ihn auch in diesem Buch (siehe das Kapitel „Gift für die Spitzenküche"). Und weil zum Streiten immer zwei gehören, habe ich den Herausgeber des *Gault Millau* eingeladen, das Vorwort zu diesem Buch zu schreiben – je härter, desto besser. Wie gesagt, das Schmeichelweiche liegt mir nicht (außer ich sitze mit meinem Sohn Diego und meiner schönen Frau Daniela zu Hause auf dem Sofa).

Meine Anfrage wurde vom *Gault Millau*-Herausgeber Karl Hohenlohe allerdings höflich abgelehnt. Schade. Ich hätte gern erfahren, was Herr Hohenlohe wirklich denkt. Ich hätte gern kontrovers mit ihm diskutiert. Die Gastronomie ist eine Branche, in der viel zu viel geschmeichelt und gespeichelt wird. Kaum jemand hat Lust, Klartext zu reden.

Wenn sich also jemand von meinen Erzählungen, Kommentaren oder Provokationen auf den folgenden Seiten gestört fühlt – gut so. Lassen Sie mich wissen, was Sie denken. Widersprechen Sie. Richten Sie mir aus, dass ich einen an der Waffel habe. Das ist meine E-Mail-Adresse:

trettl-mal-die-meinung-sagen@zsverlag.de

Dorthin dürfen Sie mir auch schreiben, wenn Sie Freude an diesem Buch haben. Denn ich liefere Ihnen hier nicht nur Kontroverses, sondern einige der geilsten kulinarischen Erlebnisse, die man auf diesem Planeten haben kann – und ein paar Gebrauchsanweisungen, wie man diesen Erlebnissen möglichst nahe kommt.

Kontroverse und Euphorie: Das sind die beiden Pole, zwischen denen sich dieses Buch bewegt. Denn nichts ist menschlicher, nichts ist großartiger als der Genuss, den wir erleben, wenn wir zum Beispiel am „Pier 1" in San Francisco eine Auster schlürfen oder im „Patscheiderhof" auf dem Ritten Schlutzkrapfen essen. Wenn wir in Hongkong die besten Dim Sums verschlingen, die je ein Mensch aus dem heißen Dampf genommen hat, oder in Sydney die abgefahrensten Sushi, die ein Sushimeister auf der Welt zubereiten kann, mit einem Biss verzehren. Wenn wir im „Spice Market" in New York zum grandiosen Thai-Curry tanzen oder bei Heinz Reitbauer in Wien über dem warmen Blunzenbrot in Tränen ausbrechen.

Dafür lohnt es sich, den Kopf hinzuhalten und all denen im Weg zu stehen, die mit Durchschnitt und Konfektion zufrieden sind. Genuss verdient jede Anstrengung, jede Übertreibung, jeden Irrweg, jeden Kampf.

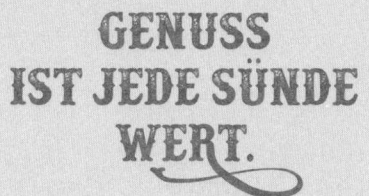

GENUSS IST JEDE SÜNDE WERT.

ECKART WITZIGMANN

Ich war kein guter Schüler. Ich vermute, dass mein Vater den Lehrern in der Hauptschule etwas zugesteckt hat, damit sie mich nicht sitzenbleiben lassen, aber beweisen kann ich es nicht. Auch in der Lehre war ich nicht besonders aktiv. Ich habe mich für nichts anderes interessiert als für die Mädels, die draußen herumgelaufen sind. Mein Lehrmeister ist an mir verzweifelt. Er war sicher der glücklichste Mensch, als er mir meinen Lehrabschluss nachgeworfen hat, nur damit er mich nicht mehr sehen muss.

Dann bin ich zum Militär gegangen und habe Sattelschlepper gefahren. Ich musste für die Fallschirmspringer immer nach Pisa und zurück. Beim Militär bin ich dann ein bisschen aufgeweckt worden. Als ich mit dem Wehrdienst fertig war, wusste ich, dass alles, was ich bisher gelernt hatte, nicht viel wert war. Weil ich hatte es einfach nicht kapiert.

Das zu kapieren war der erste Schritt. Und ich sah ein, dass ich, wenn ich weiterkommen will, aus Südtirol wegmuss aus der idealen, wunderschönen Bergwelt. Ich war ja ein Extremist, bin überall angeeckt. Meine Frisuren waren anders, meine Kleidung war anders, überall habe ich gehört: Ja, spinnst denn du …

Also dachte ich mir: Ich bewerbe mich im Ausland. Aber nicht irgendwo. Wenn ich schon weggehe von zu Hause, dann versuche ich es an den besten Adressen, und vielleicht kann ich allen, die mir nie etwas zugetraut haben, beweisen, dass sie sich irren.

Also habe ich zwei Bewerbungen geschrieben. Eine habe ich an den Andreas Hellriegel geschrieben, einen Südtiroler, der in New York das „Palio" geführt hat. Und eine an Eckart Witzigmann, dessen „Aubergine" in München weltweit zu den besten Adressen gehörte.

Dann dachte ich mir ausnahmsweise etwas Gescheites aus: Wenn ich schon nichts kann, dann muss wenigstens meine Bewerbung so ausschauen, dass man sie nicht übersieht. Also habe ich zwei Holzbretter hergenommen und mit Edding meine Vita draufgeschrieben. Viel hat es ja nicht zu erzählen gegeben. Die Bretter hab ich dann nach München und New York geschickt.

Aber ich habe nicht im Ernst geglaubt, dass ich eine Antwort bekomme. Also hab ich mich gleichzeitig bei einem Bekannten für eine Saisonstelle in Alta Badia beworben, der brauchte dringend Leute und wollte sogar mich nehmen. Ich hatte also schon die Zusage aus Alta Badia, als eine Antwort vom Büro Witzigmann aus München eintraf, dass ich zum Vorstellungsgespräch in die „Aubergine" kommen soll.

Zu dem Zeitpunkt dachte ich aber schon wieder: Hey, was soll's, in Alta Badia verdiene ich eh genug fürs ganze Jahr, kein Stress, alles easy, dem Witzigmann sag ich ab.

Zufällig kam mein Lehrherr, der Bernhard Kostner, vorbei, und ich erzählte ihm davon. Da hat er mir ansatzlos eine geschmiert – das hat er übrigens öfter gemacht, wenn auch nie ohne Grund – und gesagt: „Bist du wahnsinnig, du Depp? Du fährst sofort nach München und stellst dich vor!"

Ich bin in meiner grünen Lederjacke, den zerrissenen Jeans und der 49ers-Cap nach München zum Vorstellungsgespräch. Damit ich wenigstens sagen kann, dass ich es probiert habe. Als Herr Witzigmann dann in den Raum kam, wo ich gewartet habe, war das schon ein magisches Gefühl. Er hat ein paar Minuten mit mir geredet, dann hat er mich kurz und bündig gefragt: „Wann können Sie anfangen?"

Ich sagte ihm, dass ich gerade die Sommelierausbildung mache und gerne noch fertigmachen würde.

„Okay", hat er gesagt, „dann fangen Sie nach der Prüfung an."

Ich muss zugeben, ich war beeindruckt.

Und es hat mich darin bestärkt, dass es nichts bringt, wenn man die Dinge so angeht, wie sie alle anderen angehen. Hätte ich Herrn Witzigmann damals eine ganz normale Bewerbung geschickt, hätte ich – das behaupte ich jedenfalls einmal – nie in der „Aubergine" angefangen. Keine Ahnung, was dann aus mir geworden wäre.

Ich hatte ein Zimmer in der Nähe vom Bahnhof. War allein in München. Zum ersten Mal im Leben fühlte ich mich allein.

Nach der ersten Woche habe ich mir beim Snowboarden das Sprunggelenk gebrochen. Das war mir so peinlich, dass ich drei Tage lang sechzehn Stunden mit dem gebrochenen Sprunggelenk gearbeitet habe. Allein der Gedanke, dass ich zurück nach Südtirol muss, wo alle nur darauf warten, dass ich mit eingezogenem Schweif zurückkomme, hat mich die Schmerzen vergessen lassen. Aber Herr Witzigmann hat bemerkt, dass ich nicht gescheit gehen kann, und mich gefragt, was los ist.

Das habe ich ihm erzählt, und er hat mir hundert Mark in die Hand gedrückt und gesagt, ich soll augenblicklich mit dem Taxi ins Krankenhaus fahren und zurückkommen, sobald ich wieder fit bin.

Zu dem Zeitpunkt war der Fuß so dick wie eine Wassermelone.

Das war ein sehr menschlicher Zug vom Chef. Wobei er wirklich auch anders konnte. Der Druck, in einem Dreisternhaus zu arbeiten, war in der „Aubergine" zu jeder Zeit spürbar. Da hat einerseits ein militärischer Drill geherrscht und eine ganz große Anspannung. Andererseits hat Herr Witzigmann es nicht toleriert, wenn irgendwer nur gesprochen hat. In der Küche musste völlige Stille herrschen. Wenn einem Kollegen nur ein kleiner Löffel auf den Boden gefallen ist, war das schon Grund genug für einen Anschiss.

Denn Herr Witzigmann war zwar der begnadetste Koch, den ich je kennengelernt habe, aber er hatte nicht das Talent, zufrieden zu sein. Jede Reklamation, und war sie noch so bescheuert, hat ihn brutal ins Zweifeln gebracht. Aus heutiger Sicht würde ich vielleicht sagen, er war einfach zu sensibel. Kritik hat ihn mehr beschäftigt, als ich es für möglich gehalten hätte. Vielleicht hat er aus seinen Zweifeln aber auch die Energie gezogen, um immer besser und noch besser zu werden, ich weiß es nicht.

Zu dieser Zeit waren dort ein paar legendäre Kollegen in der Küche. Der Joe Gasser, der heute bei Alfons Schuhbeck ist, war Küchenchef. Der war auch Südtiroler und hat mich unter seine Fittiche genommen.

Im Service war Gesumino Pireddu, ein Grandseigneur, der sich später mit Joe Gasser selbstständig gemacht hat. Joachim Gradwohl war in der Brigade und Rainer Sigg, der dann nach Moskau ins „Kempinski" gegangen ist, sowie Stefan Franz, ein begnadeter Patissier.

Ich bin mit Herrn Witzigmann immer gut ausgekommen, trotzdem waren es zwei hammerharte Jahre in der „Aubergine", und als ich dann hinüber ins „Tantris" gewechselt bin, habe ich meinen Beruf nicht wiedererkannt: Plötzlich war die Arbeit in der Küche ein Kindergeburtstag. Das verdanke ich Herrn Witzigmann: Wann immer ich das Gefühl hatte, dass mir die Arbeit über den Kopf wächst, musste ich nur an die zwei Jahre in der „Aubergine" denken, und ich wusste, dass ich gerade einen Erholungsurlaub mache.

Herr Witzigmann ist einfach ein Besessener. Ein echt Besessener. Kochen ist in seinem Leben das Wichtigste, dann kommt lange nichts, sehr lange nichts. Von ihm lernst du, dass du komplett besessen sein musst, wenn du so gut kochen möchtest wie er. Ich habe schnell begriffen, dass ich nie so gut sein kann wie er, weil mir diese überlebensgroße Passion fehlt. Ich liebe das Kochen, aber irgendwann bin ich auch zufrieden. Herr Witzigmann ist nie zufrieden. Selbst wenn er zum zwanzigsten Mal ein Szegediner Gulasch kocht, rezeptiert er es immer wieder neu. Es könnte ja noch ein bisschen besser werden.

Oft erinnert er sich gar nicht mehr daran, wie viele grandiose Rezepte er in die Welt entlassen hat. Er hat unzählige Bücher geschrieben. Einmal, als er sich von mir Topfennockerl gewünscht hatte, sagte er zum Beispiel: „Roland, da ist dir einmal etwas ganz Besonderes gelungen." Und ich: „Das sind ja auch die Topfennockerl, die Sie rezeptiert haben."

Nach zwei Jahren in der „Aubergine" und zwei Jahren im „Tantris" bekam ich dann das eigenartige Gefühl, kaum etwas gelernt zu haben. Ich machte einen Rückzug nach Südtirol. Meine Eltern betrieben eine Diskothek, in diesem Sommer mieteten wir ein Schwimmbad dazu, und ich war tagsüber Bademeister und abends DJ. Das war ein sensationeller Sommer.

Als es Herbst wurde, entschloss ich mich, noch einmal in dem Betrieb anzufangen, wo ich nach der Lehre gearbeitet hatte: im „Amadé" in Bozen bei Karl Unterhofer. Dort, dachte ich mir, merkst du dann, was du wirklich gelernt hast. Und es war sehr aufregend zu sehen, dass ich aus den vier Jahren in München doch einiges mitgenommen hatte.

Im Frühjahr fuhr ich dann nach Sardinien in den Urlaub und las in einer Zeitung am Strand: „Starkoch Witzigmann eröffnet Restaurant auf Mallorca."

Aha, dachte ich mir, und als ich zwei Wochen später nach Hause kam, sagte mir meine Mutter schon, dass Herr Witzigmann persönlich angerufen hatte, ich soll ihn möglichst rasch zurückrufen.

Ich rief zurück, und Herr Witzigmann lud mich zu einem Vorstellungsgespräch auf die Insel ein.

„Cool", dachte ich mir und flog nach Mallorca. Im Gespräch stellte sich dann etwas Erstaunliches heraus. Herr Witzigmann wollte mich nicht als Commis einstellen, wie ich eigentlich angenommen hatte, sondern als Küchenchef des ganzen Ladens. Er selbst würde der Patron sein.

Okay, dachte ich. Ich springe ins kalte Wasser. Was soll mir schon passieren?

Es passierte, dass das Restaurant – das „Ca's Puers" – schnell zu fliegen begann. Und dass ich mit fünfundzwanzig Jahren meinen ersten Stern bekam und selbst anfing abzuheben. Wenn ich jemals in Gefahr war, größenwahnsinnig zu werden, dann damals.

Denn ich hatte ein brutales Ego-Problem. Zwar gibt es durchaus ehrenrührigere Dinge, als im Schatten von Herrn Witzigmann zu stehen, aber ich wollte überhaupt nicht im Schatten stehen. Wo ich war, sollte die Sonne sein. Ich war menschlich noch nicht so weit, dazu ein Choleriker, schlimmer als Witzigmann in seinen schlimmsten Zeiten – *hmhm*, das Urteil darüber überlassen wir am besten dem Jüngsten Gericht.

In dieser Zeit kollidierten Herr Witzigmann und ich immer wieder (und aus dieser Zeit stammt auch der Brief, den er mir geschrieben hat). Ich war der Meinung, dass ich am meisten Respekt bekomme, wenn ich spinne. Es waren harte Zeiten, die wir miteinander hatten. Aber obwohl wir uns das immer wieder angedroht haben, haben sich unsere Wege doch nicht getrennt. Das Gemeinsame war offenbar stärker. Wir sind beide Sternzeichen Krebs. Wir sind wahnsinnig sensibel. Ich habe am 3. Juli Geburtstag, Herr Witzigmann am 4., er ist genau dreißig Jahre älter. In unseren Ansichten sind wir uns sehr, sehr ähnlich. Darüber, wie gut ein Essen ist, müssen wir nicht diskutieren, da sind wir immer einer Meinung.

Nach vier Jahren im „Ca's Puers" hatte ich genug vom Leben auf der Insel. Als ich Herrn Witzigmann darüber informierte, entschied er, dass er, wenn ich gehe, auch geht.

Das war das „Ca's Puers". Wir haben später gemeinsam mit Alfred Biolek Kochbücher gemacht und auch einige Projekte in München in Angriff genommen. Und dann kam Tokio. Dort hatte Herr Witzigmann den Auftrag, in Windeseile ein deutsches Restaurant zu eröffnen, und dafür brauchte er natürlich wieder einen Küchenchef.

In Tokio gab es deutsche Küche und deutsche Weine, jedenfalls im ersten Monat. Dann wurde auf mediterrane Küche und deutsche Weine umgestellt. Ich war eigentlich nur für den ersten Monat vorgesehen, um die Eröffnung vorzubereiten, aber es wurde fast ein Jahr daraus.

Und wir sind wieder aneinandergekracht. Aber insgeheim habe ich damals natürlich längst gewusst, was ich an Herrn Witzigmann habe, und er hat es wohl von mir gewusst. Ich hätte es auch schon ein bisschen früher kapieren können, aber da stand mir mein Ego im Weg.

Und weil Spannungen auch ein Ausdruck von Kreativität und von Leidenschaft sind, haben sie auch dann nicht aufgehört, als wir den „Hangar-7" eröffnet haben.

Es ist sein Tempo, das Herrn Witzigmann so außergewöhnlich macht. In der Zeit, in der er ein Lamm zubereitet, schreiben andere eine Doktorarbeit, aber absolute Perfektion erfordert eben diese Zeit. Allein wenn er das Fleisch auslöst, braucht er ewig, bis noch eine störende Faser entfernt ist und noch eine … Einmal, als wir mit Biolek ein vegetarisches Kochbuch produziert haben, musste er eine Karotte schälen. Die Karotte hat er sicher zehnmal rundherum gedreht, um jede Krümmung, jeden Knick zu beurteilen. Dann legte er sie auf das Schneidebrett, verschränkte die Arme vor der Brust und sagte, beleidigt wie ein kleines Kind: „Mit dieser Karotte arbeite ich nicht."

Da hat es auch keinen Sinn, ihn umstimmen zu wollen. Man treibt lieber eine bessere Karotte auf, und zwar schnell.

Aber diese Kompromisslosigkeit macht ihn aus. Er würde niemals mit einer Karotte kochen, von der ich sage: Okay, die ist vielleicht nicht das Gelbe vom Ei, aber wer merkt das schon? Und genau das ist Eckart Witzigmann.

Wenn seine Gäste dann glücklich sind, ist er es auch.

Aber wenn von hundert Gästen neunundneunzig auf Knien zu ihm rutschen und ihn für das beste Lamm ihres Lebens ein bisschen anbeten wollen, macht ihm nur der hundertste Sorgen. Und wenn der, sogar wenn's ein kulinarischer Analphabet ist, dann sagt, dass das Lamm nach Kaninchen schmeckt, dann arbeitet es im Kopf von Herrn Witzigmann, ob denn das verdammte Lamm wirklich höchsten Ansprüchen genügt.

Das ist dramatisch. Aber ohne dramatische Leidenschaft kein Herr Witzigmann.

Deshalb sind auch seine Rezepte so gut. Er rezeptiert immer und immer wieder neu. Als wir für das Magazin der *Süddeutschen Zeitung* jede Woche ein Gericht kochten, waren die Rezepte so gut und erprobt, dass auf dem Münchner Viktualienmarkt jede Woche die Produkte ausverkauft waren, die man für unsere Gerichte gebraucht hat.

Er konnte eben nicht aufhören, sich für das bessere und noch bessere Essen zu interessieren. Er liest jedes Foodmagazin. Wenn ich irgendwohin fuhr, bekam ich immer eine Bestellung von ihm, welches Heft von hier und welches von dort ich ihm mitbringen soll.

Er hatte immer Angst, dass er vielleicht irgendein Magazin verpassen könnte. Und ich habe mir lieber den *Playboy* gekauft.

Lieber Chef: Ohne Sie wäre mein Leben ganz anders verlaufen. Und ich bin sehr zufrieden mit meinem Leben.

BIG VORBILD: JAHRHUNDERTKOCH UND FREUND ECKART WITZIGMANN

DAS »HANGAR-7«-KONZEPT

Als ich noch in Tokio arbeitete, bekam ich einen Anruf, dass eine Firma namens „Red Bull" ein neues Restaurant plant und mich als Küchenchef in Erwägung zieht. Herr Witzigmann hatte als Patron schon zugesagt. Ich flog zweimal von Tokio nach München, hatte dort am Flughafen Besprechungen. Aber ich hatte überhaupt keine Ahnung, was „Red Bull" tatsächlich vorhatte. Ich dachte mir, die wollen ein ganz normales Restaurant mit Herrn Witzigmann und mit mir, gute Idee.

Aber dann traf ich zum ersten Mal Herrn Mateschitz. Er hatte mich zu sich nach Hause eingeladen, um mich kennenzulernen. Dort erzählte er mir dann, dass ein ganz normales Spitzenrestaurant für „Red Bull" nicht genug sei. Da brauche es schon mehr. Eine Vision.

Und er hatte eine Vision. Das Restaurant sollte international sein, nicht zu vergleichen mit irgendeinem anderen Restaurant.

Okay, dachte ich, und in meinem Bauch zog sich alles zusammen. Denn ich hatte keine Vision. Lass mich doch einfach kochen, dachte ich, dann bekommst du schon etwas Spitzenmäßiges. Ich konnte mir gar nicht vorstellen, dass es eine Vision geben könnte, die größer ist als ein Restaurant mit mir als Küchenchef.

Aber Herr Mateschitz hatte andere Vorstellungen. Wie es denn wäre, fragte er mich, wenn berühmte Restaurants in aller Welt für drei Monate zusperren und mit Sack und Pack, inklusive aller Mitarbeiter und der ganzen Ausrüstung, nach Salzburg in den „Hangar-7" übersiedeln? Und nach diesen drei Monaten kommt das nächste Restaurant. Und so weiter. Und ich sollte die Gesamtleitung von dem Ganzen übernehmen.

Ich war starr vor Schreck.

„Das geht nicht", sagte ich.

Da hatten wir schon die erste Krise. Denn wenn Dietrich Mateschitz etwas nicht akzeptiert, dann die Bemerkung: Das geht nicht.

„Geht nicht, gibt's nicht", sagte er. Einer seiner geflügelten Sätze, den bestimmt jeder „Red-Bull"-Mitarbeiter schon einmal aus seinem Mund gehört hat.

Da stand das Projekt für einen Augenblick auf des Messers Schneide. Denn ich bin auch stur und blieb bei meiner Meinung, dass sich diese Idee nicht verwirklichen lässt. Dann sagte Herr Mateschitz bereits: „Wenn Sie meinen, dass sich die Idee nicht verwirklichen lässt, sind Sie wahrscheinlich der Falsche für uns."

Aber ich hatte damals das Selbstvertrauen mit dem Löffel gefressen und entgegnete: „Herr Mateschitz, Sie werden aber keinen Besseren als mich für dieses Projekt finden. Wenn ich hier weg bin, haben Sie ein Problem …"

Ich habe damals doch noch in Tokio gearbeitet. Und dort habe ich gelernt, solche Ansagen zu machen, denn die Japaner testen dich immer so aus. Außerdem gibt es keinen besseren Moment, um offen mit einem möglichen Arbeitgeber zu reden, als das erste Treffen. Denn entweder kommt deine Botschaft an oder nicht – und passieren kann dir ja nichts.

Ich sagte also, dass ich die Grundidee zwar verstanden habe, aber bei meiner Einschätzung bleibe, dass sie sich so nicht verwirklichen lässt. Aber ich bot an, gemeinsam mit Herrn Witzigmann darüber nachzudenken, *was* sich verwirklichen lässt.

Herr Mateschitz gab uns eine Woche Zeit.

Nach dieser Woche präsentierten wir unseren Vorschlag.

Wir schlugen vor, nicht nur alle drei Monate ein neues Restaurant zu präsentieren, sondern jeden Monat. Da ich aber wusste, dass kein Restaurant der Welt das Stammhaus zusperrt, um geschlossen an einen anderen Ort zu übersiedeln, empfahl ich, dass wir in Salzburg ein Team zusammenstellen, das die Aufgabe übernimmt, das Menü des jeweiligen Restaurants perfekt nachzukochen. Dass ich diese Restaurants auswähle, besuche und die Köche zur Eröffnung nach Salzburg bringe.

Mit der Idee konnte sich Herr Mateschitz anfreunden.

Als ich realisierte, was ich mir da gerade für eine Aufgabe ans Bein gebunden hatte, wäre ich am liebsten für immer nach Tokio ausgewandert. Denn ich hatte natürlich keine Ahnung, wie sich das alles tatsächlich in die Realität umsetzen lässt. Das war im April 2003, und der Termin für die Eröffnung stand schon fest: der 21. August 2003.

Wir haben uns dafür entschieden, im August und September noch selbst zu kochen. Aber im Oktober musste der erste Gastkoch vor Ort sein.

Das hat mich in eine gewisse Panik versetzt. Weil jeder Koch, den du anrufst und einladen möchtest, denkt, dass du einen Vollschuss hast. Also habe ich am Anfang nur Köche angerufen, die schon wussten, dass ich einen Vollschuss habe. Und man darf nicht außer Acht lassen, dass auch der Name Witzigmann im Spiel war. Das hat zu Beginn sehr geholfen. Wo ein Witzigmann ist, steht bekanntlich auch Qualität dahinter.

Als Ersten rief ich Gerhard Schwaiger vom „Tristán" an, den kannte ich aus meiner Zeit in Mallorca.

Der sagte bloß: „Kein Problem. Du musst mir nur sagen, was ich zu tun habe."

Jörg Sackmann aus Baiersbronn, der bei Herrn Witzigmann in der „Aubergine" gearbeitet hatte, war der Zweite.

Martin Dalsass, ein Südtiroler, der sein Restaurant „Santabbondio" bei Lugano hatte, kam als Dritter.

Wir standen ja am Anfang unter extremem Zeitdruck, konnten kaum vorausplanen. Deshalb war es großartig, dass wir auf unsere persönlichen Netzwerke zugreifen konnten. Aber dann begann die Sache immer besser zu laufen, wohl auch deshalb, weil sich in der Branche herumsprach, dass meine Brigade in Salzburg einen großartigen Job machte. So gelang es uns, Anfang 2004 Carlo Cracco aus Mailand zu engagieren, den ich persönlich noch nie getroffen hatte. Im April kam Dieter Koschina aus der „Vila Joya" in Portugal, im Monat darauf Lea Linster aus Luxemburg, dann André Jäger aus der „Fischerzunft" in Schaffhausen, Norbert Niederkofler aus Alta Badia und Thomas Kammeier aus Berlin.

Und dann hatten wir – durch Vermittlung unseres General Managers Herbert Pliessnig – den ersten echten Weltstar: Jean-Georges Vongerichten aus New York. Das war eine Sensation, denn damit waren wir in eine neue Spielklasse aufgestiegen. Plötzlich arbeiteten wir nicht nur mit den besten Köchen Europas, sondern mit dem wahrscheinlich komplettesten Gastronomen der Welt. Der sich im Übrigen als unglaublich freundlicher und verbindlicher Charakter zeigte und in jeder Sekunde vermittelte, dass bei ihm kein Handgriff zufällig passiert.

Über Herbert Pliessnig bekam ich auch Zugang zu Gray Kunz vom „Café Gray" in New York, und im selben Jahr bekamen wir noch die Zusagen von David Thompson, dem besten Thai-Koch der Welt, und von Rainer Becker, der in London das legendäre „Zuma" eröffnet hatte.

Das war ein ganz guter Lauf für den Anfang. Besser gesagt: Wir hatten das Konzept im „Hangar-7" so beschleunigt, dass es abheben und fliegen konnte. Wir produzierten jetzt für kulinarisch interessierte Menschen eine monatliche Wundertüte, die es – wie es sich Herr Mateschitz gewünscht hatte – auf der ganzen Welt nicht gab.

Ich konnte jetzt also die Angst ablegen, dass es uns nicht gelingen würde, Köche nach Salzburg zu holen. Das hatten wir im Griff. Jetzt konnte ich mir Sorgen machen, ob die Leute überhaupt Lust auf ein Restaurant haben, das jeden Monat eine neue Küche präsentiert.

Das „Hangar-7"-Konzept läuft doch allen Konventionen des Restaurantbusiness zuwider. Der Gast ist ein Gewohnheitstier. Er geht zum Italiener, um die Spaghetti so zu bekommen, wie er sie mag. Er geht ins Wirtshaus, das ihm die besten Grammelknödel kocht. Auf Entdeckungsreisen geht er, wenn überhaupt, im Urlaub. Das „Hangar-7"-Konzept aber war eine einzige Entdeckungsreise.

Der Schlüssel, mit dem wir unsere Gäste für uns eingenommen haben, war Qualität. Sie haben zwar nicht gewusst, was sie bei uns bekommen, aber sie wussten, es wird gut sein. Auch die Presse hat ja ein paar Jahre lang nicht kapiert, was wir da eigentlich machen, wir waren also völlig auf Mundpropaganda angewiesen. Es hat schließlich ein paar Jahre gedauert, bis die kulinarisch interessierte Öffentlichkeit verstanden hat, was in Salzburg Monat für Monat abgeht.

Und wir hatten gar nicht so wenige Plätze. Wir konnten siebzig, achtzig Gäste bekochen, in Ausnahmefällen sogar hundertzwanzig. Und wir hatten schnell echte Fans, Stammgäste, die uns Monat für Monat besuchten. Die waren unsere besten Werbeträger, denn sie erzählten überall herum, dass man bei uns grandios essen kann, ohne ein Flugticket nach New York, Sydney oder Singapur zu kaufen.

Natürlich war auch entscheidend, dass die Gastköche mit der Performance meines Teams zufrieden waren und das weitererzählten. Denn die wussten, was für einen ungeheuren Aufwand es darstellt, wenn man Monat für Monat ein neues Restaurant eröffnet – und nichts anderes war der harte Schnitt vom einen zum nächsten

Gastkoch. Von einem Tag auf den anderen wechseln die Produkte, die Aromen, alle Handgriffe, für die man gerade ein bisschen Routine gewonnen hat. Die Temperaturen der Teller sind anders, der Aufwand verändert sich, man braucht neues Geschirr, neue Zutaten, neue Fonds, manchmal auch neue Zubereitungsweisen, von denen keiner von uns noch ein paar Monate zuvor eine Ahnung gehabt hatte.

Aber auch das wurde leichter. Nach dem ersten Thaikoch wussten wir über die Basisgeometrie der Thaiküche schon Bescheid, hatten einen Crashkurs in roten, grünen und gelben Currys absolviert. Kannten die Gewürze. Konnten uns auf weitere Feinheiten konzentrieren.

So begann die große Reise, auf deren Grundlage dieses Buch entstanden ist. Eine Reise, die mich viele Male rund um die Welt geführt hat. Eine Reise, die mich mit vielen wichtigen und interessanten Menschen zusammengebracht hat, die mir Gelegenheit gab, in die unterschiedlichsten Kulturen, Traditionen und Geschmäcke einzutauchen. Monat für Monat habe ich dazugelernt. Erst nach einhundertzwanzig Gastköchen ging die wilde Fahrt für mich zu Ende, als ich im Dezember 2013 diesen Brief verschickte:

IT'S TIME TO SAY GOODBYE

It's time to say goodbye ...

Nach über zehn Jahren als Executive Chef im „Hangar-7", nach mehr als einhundertzwanzig Gastköchen, nach Tausenden Gerichten und Gängen und nach Millionen von Flugkilometern ist es an der Zeit, Abschied zu nehmen – und den Ikarus-Staffelstab an meinen langjährigen Wegbegleiter Martin Klein weiterzureichen.

Als wäre es erst gestern gewesen, kann ich mich noch heute exakt an das tiefe Gefühl bei meinem ersten Arbeitstag im „Hangar-7" erinnern: Es war eine Mischung aus Stolz und Respekt.

Stolz darüber, in diesem großartigen architektonischen Ensemble ein weltweit einzigartiges kulinarisches Konzept umsetzen zu dürfen. Respekt wegen des Wissens, dass es für diese Aufgabe keine Vorbilder, keine Leitlinien gibt und dass diese gewaltige Aufgabe nur durch eigene Standards definiert werden kann.

Ich verneige mich bis auf den heutigen Tag vor meinem großen Lehrherrn Eckart Witzigmann in dem dankbaren Bewusstsein, dass er es war, der mich für diese Aufgabe ausersehen hat. Sein Vertrauen in mich berührt mich bis heute.

Und ich schulde Dietrich Mateschitz höchstmöglichen Dank und Respekt für seine bedingungslose Unterstützung auf dem Weg, seine Ikarus-Vision mit so prallem Leben erfüllen zu dürfen. Ideen und Konzepte haben viele, eine solche Entschlossenheit und Beharrlichkeit nur die wenigsten!

Ich verdanke Dietrich Mateschitz und seiner Vision einen weltweit einzigartig tiefen, ja intimen Einblick in die Küchen der namhaftesten Spitzenköche. Und ich verdanke diesen verehrten Kollegen, dass sie mir über elf Jahre hinweg ungeschminkten, nahezu selbstverleugnenden Einblick gewährten. Einblick in alles, was ihr Können ausmacht. Einblick in alles, was ihren überwältigenden Erfolg bedingte.

Ihre Hilfestellungen, ihre Unterstützung, ihre Gerichte, Rezepte und Produkte stellten über ein Jahrzehnt hinweg einen Monat für Monat anwachsenden, unermesslichen Schatz dar. Unermesslich und doch gering im Vergleich zu den vielen tiefen Freundschaften, die ich weltweit schließen durfte.

Natürlich – und keiner weiß das besser als ich – gelingt ein solcher internationaler Gipfelsturm nur, wenn man sich um das Basislager keine Sorgen zu machen braucht. Auch hier muss ich mich verneigen: Natürlich und zuallererst vor unseren Gästen, viele von ihnen wurden zu Stammgästen – ein größeres Kompliment kann es bei diesem auf ständigen Wechsel angelegten Konzept nicht geben.

Verneigung aber ebenso vor meinen begabten wie belastbaren Kollegen in der Ikarus-Küche. Ihr profundes Können, verbunden mit dem Willen, sich Monat für Monat neuen und schwierigsten Anforderungen zu unterwerfen, stellen seit nunmehr über zehn Jahren die unverzichtbare, alles tragende Säule dieses Konzeptes. Ihnen gilt mein dankbarer Respekt, ebenso wie dem hingebungsvollen Service im Restaurant und den herausragenden Kräften im „Hangar-7". Sie alle werde ich ebenso sehr vermissen, wie ich mir sicher sein kann, dass Martin Klein um Ihre, Eure Klasse weiß.

In der festen Überzeugung, dass das Ikarus-Gastkoch-Konzept im „Hangar-7" eine einzigartige Erfolgsgeschichte ist, mache ich mich frohgemut auf, den Blick auf neue Aufgaben und Ziele gerichtet.

Mögen sich dabei unsere Wege immer wieder kreuzen …

Ihr/Euer dankbarer

DEUTSCHE KÜCHE, SUSHI UND ERDBEEREN.
MEIN JAHR IN JAPAN

2002 zog ich nach Tokio, weil sich einige Zufälle merkwürdig zusammenfügten. Ein deutscher Konditor namens Karl Joseph Wilhelm Juchheim hatte in Japan in den 1920er-Jahren ein Baumkuchen-Unternehmen aufgebaut. Dieses war nach dem Krieg in japanische Hände übergegangen, pflegte aber dennoch seine deutsche Tradition. Der deutsche Designer Peter Schmidt hatte Juchheim ein starkes Markenoutfit verpasst, und jetzt wollten die Verantwortlichen ein deutsches Restaurant eröffnen, um den Markenauftritt zu unterstützen. Ein deutsches Restaurant in Tokio brauchte natürlich den berühmtesten Patron, und das konnte nur Eckart Witzigmann sein. Und wie immer in den vorangegangenen zehn Jahren war, wo Witzigmann draufstand, auch Trettl drin.

Im Herbst bekam ich in München einen Anruf: „Roland, in Tokio gibt es ein Problem. Du musst kommen."

„Okay. Wann?"

„Morgen. Dein Flug ist gebucht."

Ich hatte gerade noch Zeit, eine Zahnbürste einzupacken und

mir das Buch *Kulturschock Japan* zu kaufen. Das Buch habe ich im Flieger gelesen. Und dann half ich eben mit, das Restaurant aufzubauen. Das befand sich zu dieser Zeit ja noch im Rohbau. Ich organisierte die gesamten Einkäufe und schrieb die Menükarten.

Das war eine coole Erfahrung, denn es erlaubte mir, in die unglaubliche Welt japanischer Lebensmittel einzutauchen. Bei allem, was ich bis dahin schon gesehen hatte – in der „Aubergine", im „Tantris", im „Ca's Puers" –, waren japanische Lebensmittel mit Abstand das Beste, was ich bis dahin erlebt hatte.

Was bei uns als Spitzenklasse gilt, wäre in Tokio maximal Durchschnitt. Ganz egal, ob es Fisch, Obst oder Fleisch ist. Jeder Apfel ist saftiger als die Äpfel bei uns. Ich habe Tomaten gegessen, die so gut waren, dass mir die Tränen über die Wangen gelaufen sind. Ich hatte noch nie etwas so Gutes gegessen.

Man steht in Japan den Lebensmitteln viel respektvoller gegenüber als bei uns. Man investiert mehr Geld in gute Produkte – und das muss man auch, weil die besten Produkte ein Vermögen kosten. Man hängt einer ganz anderen Ökonomie an als wir: ein Wagyu-Rind zum Beispiel darf lange klein bleiben und langsam wachsen, bis es die Fleischqualität hat, die wir so bewundern. Bei uns kann alles gar nicht schnell genug gehen, weil im Hintergrund immer der Zähler mitläuft, ob das Rind auch schon wieder ein paar Kilo zugelegt hat, damit es sich endlich lohnt, es zu schlachten.

So denkt in Japan niemand. Und auch wenn ich nie ein Japaner sein könnte, halte ich die japanische Esskultur für die sauberste und sensationellste, die ich je kennengelernt habe. Ich muss nur den Aufwand vergleichen, mit dem wir daran arbeiten, verschiedene Fonds einzukochen und zu definieren, Kalbsjus und Wachteljus und Taubenjus und Entenjus und Fischfond und Tomatenfond.

Einem Japaner muss das völlig bescheuert vorkommen. Er hat genau einen Grundfond, das ist sein Dashi. Und dieser Dashi ist eben perfekt, weil er das perfekte Kombu, also Seetang, verwendet, und die perfekten Bonito Flakes und eine Sojasauce, von der wir nur träumen können.

Denn wir verwechseln ja die Kikkoman-Sauce, die wir alle in unseren Kühlschränken stehen haben, mit Sojasauce – das ist ungefähr so, wie wenn man einen Rotwein aus dem Tetrapak mit einem feinen, eleganten Burgunder vergleicht. Es liegen Welten dazwischen. Galaxien.

Die Japaner haben also ihren perfekten Dashi. Das ist der Basissud von jedem weiteren Sud. Wenn es aber um diese Produkte geht,

dann reicht oft schon ganz wenig davon, um einen glücklich zu machen. Wagyu-Rind, weil wir das schon angesprochen haben, wird als Tataki oder Sukiyaki gegessen, und zwar ein winziges Stück davon – wenn du nämlich hundertfünfzig Gramm Wagyu Beef isst, erleidest du augenblicklich einen Eiweißschock.

Zum Respekt vor dem Produkt gehört auch die Pflege der Messer. Japaner pflegen ihre Messer leidenschaftlich. Sie kommen eine Stunde vor Dienstantritt, um täglich ihre Messer über den Stein zu ziehen und sie so präzise wie möglich zu schleifen.

Schon an diesem Beispiel habe ich erkannt, dass ich nie zum Japaner werden könnte. Auch wenn ich diese Eigenschaft, den Respekt vor dem Werkzeug, aufrichtig bewundere. Die enorme Traditionsverbundenheit gebietet diesen Respekt und führt zu großartigen Ergebnissen. Dafür bleibt allerdings jede Spontanität auf der Strecke, und diese Spontanität ist mein größtes Kapital als Koch.

Die Qualität der japanischen Produkte ist ein Statussymbol. Du bringst, wenn du irgendwo eingeladen bist, nicht eine Flasche Wein als Gastgeschenk mit, sondern eine Melone. Natürlich nicht irgendeine Melone, und es reicht auch nicht, dass die Melone gut ist – sie muss außerdem schön sein. Du zeichnest dich selbst aus, wenn du als Geschenk eine besonders schön gezeichnete Melone mitbringst, und wenn sie schön ist, wird die Schönheit auch ausführlich besprochen und gelobt.

Aus diesem Grund habe ich es auch nicht gewagt, einen japanischen Koch in den „Hangar-7" einzuladen. Wir hatten nur einmal einen Koch aus dem „Park Hyatt", der gemeinsam mit einem österreichischen Executive Chef gearbeitet hat. Der besaß schon ein gewisses Gefühl für die Fallhöhe zwischen japanischer und europäischer Kochkunst.

Weil bei japanischen Spitzenköchen hast du es mit abartigen Produktfanatikern zu tun. Da kann es dir passieren, dass der Koch einen lebendigen Fisch vor sich auf dem Tisch liegen hat und dir erklärt, dass der Fisch nicht frisch genug ist – und das ist keine Pointe, sondern die Wahrheit. Vielleicht ist der Fisch zwar frisch genug, weil er gerade erst getötet wurde, aber er wurde falsch getötet. Für jeden Handgriff gibt es eine Tradition, und die Spitzenköche beherrschen diese Traditionen blind, während wir in ihren Augen unwissend sind.

Ich finde das nicht unbedingt sympathisch. Aber ich habe einen Riesenrespekt davor.

Gleichzeitig gibt es in einer Stadt wie Tokio natürlich auch einen gewaltigen Underground, eine Subkultur. Ich habe auch sehr schräge Vögel kennengelernt. Manche waren Künstler, manche habe sehr erfolgreich Business gemacht, mit denen habe ich mich durch die Klubs und Hinterzimmer der Stadt treiben lassen. Ich war zu dieser Zeit selbst ein bunter Vogel, hatte blond gefärbte Haare und einen Beckham-Irokesenschnitt, und nachdem das japanische Fernsehen eine Reportage über mich gedreht hatte, war ich sogar einigermaßen bekannt und wurde immer wieder auf der Straße angesprochen.

Auf jeden Fall wurde ich überallhin mitgenommen. Eines Abends – und jetzt kommen wir zum, *hmhm*, Lebensmittelteil der Story – landeten wir in einem Undergroundlokal, wo eine ganz besondere Spezialität angeboten wurde. Dort gab es Mädchen, die eine Woche lang nichts als Erdbeeren gegessen hatten. Die kackten vor den Gästen auf den Tisch, und das Ergebnis wurde mit Reis gegessen.

Bis dahin hatte ich geglaubt, es gibt nichts, was ich nicht esse. Aber an diesem Abend habe ich gepasst.

Solchen Menschen – den Produktfetischisten jeden Zuschnitts – sollte ich die Vorzüge der deutschen Küche nahebringen. Es war sinnlos, aber es war spannend. Natürlich hat sich angesichts der vorhandenen Foodqualität die Sinnfrage gestellt, warum man den Japanern die Vorzüge der deutschen Küche nahebringen sollte. Aber ich möchte die Zeit auf keinen Fall missen, denn ich habe so viel über Produkte gelernt wie zu keiner anderen Zeit.

Mein Aufenthalt in Tokio endete abrupt. Ich musste wegen des „Hangar-7"-Projekts zurück nach Europa, und als ich dann wieder nach Tokio kam, wurde ich am Flughafen festgenommen. Ich hatte gegen die Visumvorschriften verstoßen. Ich war ohne entsprechendes Visum viel zu lange in Tokio geblieben und hatte nicht einmal den üblichen Abstecher nach Korea gemacht, um der Form halber ausgereist zu sein, damit die Frist für das Touristenvisum von Neuem anlaufen kann.

Ich wurde zuerst neun Stunden lang verhört und dann für zwei Tage ins Gefängnis gesteckt. Anschließend wurde ich abgeschoben. Sie haben mich in Handschellen zum Flieger gebracht und zu meinem Platz geführt, was vor allem meine Sitznachbarn begeistert hat. Meinen Pass hat der Flugkapitän übernommen, und in München wurde ich von zwei Polizisten abgeholt, die mich aus dem Flieger zum Ausgang gebracht und dann entlassen haben. **VON DIESEM AUGENBLICK AN HATTE ICH VIER JAHRE EINREISEVERBOT IN JAPAN.**

WIE KÖCHE MITEINANDER REDEN
ODER: WORTE SIND NICHT DAS WICHTIGSTE

Jede Küche ist Babylon. Einer sagt etwas, und zehn Leute verstehen etwas anderes.

Ich spreche Deutsch, Spanisch, Italienisch und Englisch. Das ist aber nicht genug. Wenn du in Biarritz zu Gautier gehst, kannst du ihn auf Englisch fragen, wie er heißt, und er wird dich wie ein junges Schaf anschauen, weil er nicht weiß, was du von ihm willst.

Am Anfang dachte ich immer, dass er arrogant ist. Aber das stimmt nicht. Er steht in seinem sensationellen Haus, dem „Hôtel du Palais" in Biarritz, ist supernett, aber er spricht eben nur Französisch. Damit wird die Kommunikation auf andere Ebenen verlagert, wir wissen ja, worum es beim Kochen geht. Nur können wir keine Höflichkeiten austauschen.

Das habe ich im Extrem erlebt, als ich in Japan war. Da hatte ich zu Beginn der Arbeit für zwei Monate eine Dolmetscherin. Aber mir ist immer stärker aufgefallen, dass nichts, was ich sagte, richtig rüberkam, und dann habe ich mich von ihr getrennt und einfach gearbeitet: Das war die bessere Sprache als die Worte der Dolmetscherin.

Auch in Shanghai musste ich mit Leuten zusammenarbeiten, die kein Wort in irgendeiner Sprache gesprochen haben, die ich auch gekonnt hätte. Dann machte ich eine sensationelle Erfahrung im „Whampoa Club". Dort haben zwei taubstumme Mädels gearbeitet. Mit denen konnte ich mich auf Anhieb besser verständigen als mit den Chinesen, die immer versucht haben, aus meinem Englisch irgendeine Botschaft herauszudestillieren.

Da habe ich gemerkt, dass das Handwerk Kochen eine universelle Sprache ist, die ohne Weiteres auch ohne Worte auskommen kann.

Du zeigst, was du willst. Du kannst vielleicht kein Buch vorlesen, aber du führst die Handgriffe vor, mit denen du das Gemüse hackst. Du schneidest die Ente, wie du sie haben willst. Du stellst die Temperatur am Herd ein, die es braucht, um dein Gericht gelingen zu lassen. Deine Handgriffe, deine Bewegungen, das Anrichten: Kein Mensch muss in der Küche wissen, wie man T-R-E-T-T-L buchstabiert.

Stattdessen nimmst du auf einer gestischen, fast pantomimischen Ebene den Kontakt auf. Sobald du dich darauf eingelassen hast, läuft das wie beim Tanzen: Verständnis aus dem Bauch heraus. Ich konnte mich mit den beiden Taubstummen aus Shanghai besser verständigen als mit so manchen Topköchen, die meine Sprache sprechen. Denn die isolieren sich durch sprachliche Formeln und Floskeln. Sie reden zwar mit dir, aber sie sagen dir gar nichts. Die taubstummen Mädels waren gesprächiger.

Ich bin in Südtirol zweisprachig aufgewachsen, habe Deutsch und Italienisch gesprochen. Englisch und Spanisch habe ich gelernt, indem ich einfach in diesen Sprachen geredet habe. Du musst dich nur trauen. Das ist die große Gemeinsamkeit zwischen dem Kochen und den Sprachen des Kochens: dass man sich traut. Die Worte sind gar nicht so wichtig.

MEIN FREUND GÉRARD DEPARDIEU

Gérard Depardieu war bei den Salzburger Festspielen, um mit Riccardo Muti eine Version der Berlioz-Oper *Lélio* aufzuführen. Dietrich Mateschitz war so großzügig, ihn mit einem Privatflugzeug abholen zu lassen. Im „Hangar-7" erwartete dann eine entsprechend große Meute von Journalisten den Star.

Depardieu hatte aber keine Lust auf Freundlichkeiten. Er haute einfach ab. Er verschwand Richtung Keller, nahm die erstbeste Tür – und stand plötzlich bei mir in der Küche.

Du konntest sehen, wie sofort der ganze Stress von ihm abgefallen ist. In der Umgebung, wo gekocht und gebastelt wurde, fühlte er sich augenblicklich wohl. Wir haben Italienisch miteinander gesprochen – Depardieu kann sehr gut Italienisch –, und er wollte sofort alles sehen. Wir sind in die Kühlhäuser hinein, er hat alles angefasst, probiert, überprüft.

Schon damals dachte ich mir: Was für ein geiler Typ.

Von da an hat er immer, wenn er in Salzburg war, seine Zeit bei uns am Küchentisch verbracht. Damals wusste ich noch gar nicht,

BIG BUDDY: GÉRARD DEPARDIEU, PARIS, WEISS, WIE MAN ISST UND TRINKT dass er ein eigenes Restaurant hat, das „Fontaine Gaillon" in Paris. Und ich dachte, dass es eine echte Sensation wäre, wenn wir im August gemeinsam einen Monat im Restaurant miteinander gestalten.

Das haben wir dann irgendwann so ausgemacht. Depardieu hat unser Essen sehr gemocht, und er hat mir persönlich sein eigenes Essen in Paris vorgeführt. Wir sind anschließend zwei Tage lang von Laden zu Laden, von Markt zu Markt gegangen. Gérard hat mir einfach sein Paris gezeigt. Es war höllisch intensiv. Zwei Tage mit Depardieu, und du brauchst zwei Wochen Urlaub.

Gérard saugt die Energie um sich herum auf wie ein Schwamm (manchmal saugt er auch den Rotwein so auf). Du hast keine Ahnung, was er als Nächstes macht. Einmal haben wir einen Dreisterner gesprengt. Dann waren wir in der Nähe der Markthallen und bekamen beide Lust auf Austern. Der Verkäufer am Austernstand gab uns Austernmesser, und wir haben um die Wette geknackt und geschlürft. Plötzlich sehen wir, dass ein Pulk von fünfzig Menschen um uns herumsteht und uns mit den Handys dabei filmt, wie wir unsere Austern essen.

Da hat Depardieu den Kopf zwischen die Schultern gesteckt und ist wie ein Stier auf die Gaffer losgegangen. Er hat die Leute angebrüllt, als wäre er tatsächlich der Obelix, den er im Film gespielt hat. Und die Leute sind in alle Richtungen geflüchtet, als wären sie die römischen Legionäre.

Das Depardieu-Essen, das dann im „Hangar-7" gekocht wurde, war einfach und fantastisch. Es gab Langostino-Ravioli, ein Lachs-Carpaccio, einen Seehecht im Ganzen und als Hauptgang eine geschmorte Kalbshaxe. Alles sehr fein. Alles genau das, was Gérard selbst gerne isst – und Mann, der kann essen. Dagegen wirke ich wie ein Anfänger, und normalerweise bin immer ich derjenige, der die Menschen damit beeindruckt, wie viel er essen kann.

Depardieu ist eine Macht. Er ist groß. Er ist viel. Er ist so viel, dass er sich nirgendwo verstecken kann, denn was hilft es, wenn einer wie Depardieu sich ein Baseballcap aufsetzt und eine Sonnenbrille?

Er ist einfach vierundzwanzig Stunden am Tag Depardieu. Und er kann nie Urlaub von sich selbst nehmen, nicht einmal eine Stunde.

EIN KOFFER VOLL KOBE BEEF.
WAS ICH ALLES ÜBER DIE GRENZE SCHMUGGELTE

Oft, wenn ich meinen Gästen im „Hangar-7" ein wirklich authentisches Genusserlebnis bereiten wollte, musste ich Nahrungsmittel über die Grenze schmuggeln. Viele Produkte, die in exotischen Küchen unentbehrlich sind, gibt es bei uns einfach nicht.

Deshalb habe ich von fast jeder Reise etwas mitgebracht. Manchmal steckten in meinen Stiefeln getrocknete Calamari oder getrocknete Jakobsmuscheln, die man aus irgendeinem Grund nicht offiziell importieren darf. Manchmal brachte ich spezielle Schinken über die Grenze, ohne die ein Sud nicht gelungen wäre. Oder Gewürze. Oder Sojasaucen. Oder zwei Kilo russischen Kaviar, der so sensationell schmeckt wie kein anderer Kaviar, fast nichts kostet und weder exportiert noch importiert werden darf. Aber wenn ich schon einmal in Moskau beim Rainer Sigg bin und der mir die Märkte zeigt, wo es den wirklich besten Kaviar Russlands gibt, dann kannst du mich foltern, aber ich werde in meinem Gepäck trotzdem diesen Kaviar verstecken, damit ich zu Hause etwas habe, das zu meinen Blinis passt.

Am Flughafen in Salzburg bin ich dann einmal im Monat wie ein Sängerknabe an den Zollbeamten vorbei und habe den Rollkoffer hinter mir hergezogen. Aber obwohl wir einander so oft sahen, wussten die nicht, wer ich bin, und sie wollten es auch nicht wissen. So sind wir sehr gut miteinander ausgekommen.

Und es ist meistens gut gelungen, den Gästen im „Hangar-7" Speisen so vorzusetzen, wie sie am Originalschauplatz gemeint waren.

Manchmal ist es aber nicht gegangen.

Zwar hat mir mein Gastkoch aus Peru, Gastón Acurio, ein großartiges, knusprig gebratenes Meerschweinchen vorgesetzt, das im Übrigen weit besser schmeckt als jedes Brathuhn oder Kaninchen. Aber ich konnte es nicht auf die Karte nehmen, weil ich in Salzburg einfach nicht so viele Meerschweinchen auftreiben kann, wie ich für einen Monat im Restaurant bräuchte. Außerdem wollte ich mir auch die Aufmärsche der Kindergartentanten mit den heulenden Buben und Mädeln ersparen, denen die Viecher so leid tun.

Denn für mich persönlich ist vor allem wichtig, dass ein Tier ein gutes Leben gehabt hat, bevor es gegessen wird, und dass es auf humane Weise getötet wird. Den Affen, dessen Kopf in China in ein Loch in der Tischmitte eingespannt wird, damit die Gäste das Hirn aus seinem Schädel löffeln können, hätte ich im „Hangar-7" nicht nur deshalb nicht servieren wollen, weil unsere Tische kein Loch in der Mitte hatten.

Aber mit Hunden hätte ich zum Beispiel gar kein Problem, genauso wenig wie mit Katzen. Denn warum soll es angemessen sein, Millionen Kühe oder Schweine zu schlachten, während man Hunde und Katzen mit Herzmedikamenten und Organtransplantationen behandelt, damit sie möglichst lang bei ihren Herrchen leben können? Das halte ich insgesamt für eine verlogene Position, vor allem, nachdem ich auf meinen Reisen durch die Welt auch andere Kulturen kennengelernt habe, die sicher nicht minderwertiger sind als unsere.

Die Chinesen essen völlig selbstverständlich Katzen. Die Vietnamesen braten völlig selbstverständlich Hunde. Aber damit würde ich bei den meisten meiner Gäste Entsetzen hervorrufen, wenn auch nicht bei allen. Ich würde ihnen ja auch Schlangen servieren, die im Übrigen delikat schmecken. Aber damit sprenge ich die Grenzen des Geschmacks (auch wenn ich jetzt absichtlich nicht sage: des guten Geschmacks).

Es gibt wenig, was ich nicht essen und meinen Gästen vorsetzen möchte. Dazu gehört, was mir in Tokio vorgesetzt wurde, aber zum Beispiel auch die aus dem Speichel von Vögeln geflochtenen Vogelnester, von denen sich männliche Chinesen positive Auswirkungen auf ihre Potenz, ihre Sehkraft oder ihre gesunden Schlaf versprechen, keine Ahnung.

Andere Produkte aber mussten unbedingt her, auch wenn es illegal war. Bei einer „Ikarus"-Nacht, an der traditionell alle Gastköche des Jahres teilnahmen, bat ich Stefan Mörth und Kenichiro

QUALITÄTSSCHOCK: KOBE BEEF, WIE ES AUSSERHALB JAPANS NICHT ERHÄLTLICH IST

Ooe aus Tokio, ein Sukiyaki mit Kobe Beef zu machen. Und zwar von dem, das kein Europäer je gegessen hat. Mit Kobe Beef ist ja viel Schindluder getrieben worden. Obwohl es keine offizielle Einfuhrgenehmigung für Kobe Beef gab, tauchten in diversen Versandportalen oder bei speziellen Delikatessenläden plötzlich marmorierte Rindfleischstücke auf, die als bestes Rindfleisch der Welt angepriesen und für atemberaubende Preise verkauft wurde. Dabei hatte dieses Fleisch mit Kobe Beef entweder gar nichts zu tun oder wenn doch, dann war es von einer Qualität, die man in Japan schlicht als minderwertig empfunden hätte.

Deshalb bat ich Stefan und Kenichiro, für den einen Abend zwanzig Kilo Kobe Beef mitzubringen, aber von allererster Qualität.

„Okay", sagten die beiden und packten die zwanzig Kilo in einen Koffer.

Nun sind die Grenzbehörden bei Gewürzen und getrockneten Lebensmitteln eher nachsichtig. Bei Frischfleisch aber kennen sie kein Pardon. Als die Gäste aus Japan also ankamen und der Koffer mit dem Fleisch nicht an der Gepäckausgabe auftauchte, befürchteten wir schon das Schlimmste.

Aber am Tag darauf wurde der Koffer direkt ins Hotel der beiden geliefert. Darin befand sich eine Mitteilung vom Zoll, dass der Koffer geöffnet, kontrolliert und für gut befunden worden sei. **DAS FAND ICH ÄUSSERST CHARMANT VON UNSEREN ZOLLBEAMTEN.**

DER BLICK ÜBER DEN TELLERRAND:
WARUM ES WICHTIG SEIN KANN, EINEN PORNO ZU DREHEN

Manchmal, wenn ich in der Küche stand und darüber wachte, dass ein mittelgutes Gericht eines fremden Kochs von meiner Equipe supergut reproduziert wurde, hatte ich merkwürdige Anwandlungen. In mir arbeitete es. Durch meinen Kopf zogen Bilder und Farben. Auf meiner Zunge spürte ich Aromen, die miteinander etwas Großartiges, noch nie Dagewesenes anstellten. An meinen Fingerkuppen konnte ich Materialien spüren, die ich zu etwas Schönem formen würde. Durch meine Finger liefen Sand und Seide. Ich hörte Musik, die es gar nicht gab.

Kurz, ich merkte, dass mein Motor anfing, im roten Bereich zu laufen. Aber für meinen Job im „Hangar-7" reichte mir in manchen weniger spektakulären Monaten das Standgas. Selbst wenn ich mit meiner Brigade im August das Kommando übernahm und einen Monat nach Lust und Laune kochen konnte – nach Lust und Laune konnte ich eben doch nicht kochen. So revolutionär das Gastkoch-Konzept des „Hangar-7" ist, so klar sind die Spielregeln. Die besten Köche der Welt sind die Stars, Fine Dining ist das Konzept, und das revolutionäre Austrettln, wie es so meine Art ist, war eher nicht gefragt. Hätte ich zum Beispiel im „Hangar-7" einen Monat lang Hühnerteile und Sake serviert wie im „Yardbird", man hätte mich für verrückt gehalten.

Und das war ja das eigentliche Problem: Denn selbstverständlich bin ich verrückt. Selbstverständlich ist der Koch in mir nur ein Teil meiner multiplen Persönlichkeit. Wäre ich nicht Koch geworden, hätte es eine ganze Menge anderer Berufe gegeben, die mich interessiert hätten – und es war ja auch bloß ein Zufall, dass ich als Fünfzehnjähriger in die Kochlehre geschickt wurde und nicht, zum Beispiel, in die Ausbildung zum Tischler.

Denn diese beiden Möglichkeiten hatte die Familie für mich ausgewählt. Beide interessierten mich nicht besonders, weil mir eine Karriere als Bademeister und Discjockey (wie ich sie ja tatsächlich ausprobiert habe) mindestens so attraktiv erschien. Dass ich dann doch Koch und nicht Tischler wurde, hatte ich auch dem Einfühlungsvermögen meines Großvaters zu verdanken, der meinte, ihm sei ein Enkel lieber, der mit allen Fingern grüßen kann. Für alle, denen ich als Koch und Gastronom auf den Sack gegangen bin: Beschwert euch bei meinem Opa, nicht bei mir.

Aber ich bin eben *nicht nur* Koch geworden. Ich konnte mich nicht darauf konzentrieren, immer nur einen Teller zu betrachten – dazu interessierte mich alles, was rundherum geschah, viel zu sehr. Mir sprangen schöne Möbel genauso ins Auge wie schöne Kleider, ich konnte an der Kombination von Farben genauso leidenschaftlich herumstudieren wie an der Perfektionierung eines Rezepts.

Nun saß ich mit meinem Job im „Hangar-7" zuweilen im goldenen Käfig. Ich hätte gern, durfte aber nicht. In diesen Momenten brauchte ich ein Überlaufventil, eine Nebenbühne, wo ich meine Einfälle, meine Ideen, meine Spinnereien in Form bringen konnte – damit habe ich jetzt einen eleganten Bogen um das Wort gemacht, das regelmäßig mit Spitzenköchen assoziiert wird: Kreativität.

Ich bewundere kreative Menschen. Ich bewundere die Kreativen meiner Branche. Aber ich entdecke die Kreativität vielleicht in anderen Facetten ihres Tuns als bloß auf dem Teller – es heißt ja nicht zufällig „über den Tellerrand schauen".

Zum Beispiel war ich total von den Socken, als Sergio Herman ein Kochbuch herausbrachte, dem ein MP3-Player beilag, auf dem gesprochene Texte und Musik gespeichert waren, mit denen Sergio seine Gerichte besser beschreiben konnte als mit Bildern und Rezepten. Coole Idee.

Ich empfand es als Ausdruck von Kreativität, als ich im „Septime" in Paris eine Crew antraf, die auf die verstaubten Umgangsformen mit Anzügen und Krawatten pfiff und das Essen in Jeans servierte. Ein Geistesblitz, der die Stimmung im Lokal augenblicklich in die Höhe schießen lässt.

Mir gefielen diese Abschweifungen, weil sie mir vor Augen führten, dass es Leute gibt, die ihre Träume nicht nur träumen, sondern auch Wirklichkeit werden lassen. Dass es auch in meiner Branche Menschen gibt, die über den Tellerrand schauen und die Eier haben, Regeln zu brechen – oder ihren Herd Herd sein zu lassen und plötzlich etwas ganz anderes zu machen.

Als mein Motor wieder einmal im roten Bereich lief, habe ich mit meinem Freund Helge Kirchberger ein neues Genre erfunden: Fashion Food. Die Idee bestand darin, schöne junge Frauen mit den wunderschönen, lebendigen Formen zu kombinieren, wie sie nur Lebensmittel – Gemüse, Obst, Fisch, Fleisch – bieten können. Wir kleideten die Models in alle möglichen Kreationen, hüllten sie in Schweinsnetz, steckten ihnen ein Krustentier als Brosche ins Haar, ließen statt Haaren das anarchische Durcheinander eines kleinblättrigen Salats wuchern. Organische Formen vereinen sich mit organischen Formen, ergänzen einander, bilden in der Vereinigung etwas Neues, Spannendes, Sinnliches.

Fashion Food ist eines meiner kreativen Überlaufventile geworden. Wir haben unzählige Motive gestaltet, ein Buch mit eigenwilligen, noch nie zuvor gesehenen Fotos gefüllt und in Düsseldorf,

Hof, Rumänien und im Museum für Kommunikation in Berlin Ausstellungen gehabt.

Diese spezifische Beschäftigung mit Schönheit, mit Strukturen und Farben ist ein Sidestep in meiner Karriere – und gehört trotzdem untrennbar dazu. Der Erfolg hat mir Mut gemacht, nicht nur im Hauptberuf kreativ zu sein – sozusagen kreativ erster Klasse –, sondern auch Disziplinen anzupacken, in denen ich keine Ausbildung habe. Meine Ausflüge in die Bildhauerei (bei Aron Demetz), in die Schneiderei (bei Markus Meindl) oder die Tischlerei (im Holzwerk in Wals) haben mich unglaublich bereichert, weil ich nicht nur meinen Sicherheiten, sondern auch meinen Unsicherheiten nachspüren konnte – was wiederum die beste Voraussetzung dafür ist, auch auf dem gewohnten Terrain einen Schritt weiterzukommen. So durfte ich für die Firma Lohberger einen Herdblock designen, der so abgefahren ist, wie ich mir einen Herdblock immer gewünscht habe – jetzt gibt es ihn, endlich.

Interessant wird es immer dann, wenn man nicht weiß, ob der Boden, auf den der nächste Schritt führt, auch trägt. Das herauszufinden ist für mich die wahre Kreativität – oder soll ich sagen: echtes Glück?

Ich kann nur jedem raten, seinen Teller Teller sein zu lassen und auszuprobieren, wo das Glück vielleicht sonst noch wohnt. Macht doch, was ihr immer schon mal machen wolltet: Wandert quer durch die Alpen. Lernt Geige spielen. Kauft euch eine Filmkamera und dreht einen Porno. Meinen Segen habt ihr.

WARUM SO VIELE KÖCHE CHOLERIKER SIND

Es geht das Gerücht, dass Küchenchefs Choleriker sind. Herr Witzigmann hat zum Beispiel gesagt, dass ich noch cholerischer war als er, aber er war bestimmt noch schlimmer als ich – aber daran erinnert er sich nicht mehr.

Ich bin nicht stolz darauf, in der Küche gewütet und Leute nach dem Service zur Sau gemacht zu haben. Stolz bin ich darauf, dass ich mich geändert habe. Stolz bin ich darauf, dass ich gelernt habe, mich selbst infrage zu stellen. Stolz bin ich darauf, dass ich mir angewöhnt habe, Mitarbeitern zuzuhören und sie nicht beim geringsten Widerstand niederzubügeln.

Im „Hangar-7" hatte ich zum Beispiel einen Mitarbeiter, der hieß Jörg Bruch. Der hat als Commis angefangen und sich bis zum Küchenchef hinaufgearbeitet. Er ist immer noch im „Hangar-7" und sicher einer der wertvollsten Mitarbeiter dort. Vor ihm hatte jeder meiner Mitarbeiter Respekt. Weil Jörg Bruch einer war, der auch mal Nein gesagt hat, wenn ich ihm etwas angeschafft habe. Was mich natürlich sofort an den Rand der Explosion gebracht hat.

Ich habe ihn zum Beispiel immer wieder gefragt, ob er beim Abschmecken von Gerichten oder bei Garzeiten eh meiner Meinung ist. Er hat auch dann Nein gesagt, wenn sich das kein anderer mehr getraut hätte. Das hat ihm den Respekt der Truppe eingebracht und auch meinen. Er hat seine eigene Meinung behauptet und ist zu Recht zum Küchenchef aufgestiegen.

Natürlich begünstigt die militärische Struktur der Küche cholerische Ausbrüche: Wer höher in der Hierarchie steht, nimmt sich das Recht heraus, laut zu werden. Dieses Recht habe ich in meinen ersten Jahren als Küchenchef reichlich strapaziert. Mit fünfundzwanzig war ich ein komplett Wahnsinniger, verabscheuenswürdig. Ich möchte keinen Film sehen müssen, auf dem festgehalten ist, was für ein Idiot ich war.

Aber immerhin bin ich, zumindest meiner Meinung nach, kein Idiot geblieben. Ich habe am Beispiel von Kollegen gesehen, wie peinlich cholerische Ausbrüche sind. In einem berühmten italienischen Restaurant hat der Küchenchef so laut geschrien, dass die Gäste jedes Wort verstanden haben – das war mir genauso peinlich, wie es jedem Gast peinlich war, und ich musste mir nur kurz vorstellen, es wäre ich, der gerade so herumschreit. Ein Desaster.

Am meisten habe ich aber in Tokio gelernt. Wenn du einen Untergebenen in Tokio so anschreist, wie ich das in Deutschland oder Mallorca gemacht habe, dann begeht der Harakiri, weil er vor seinen Kollegen gedemütigt wird und das Gesicht verliert. Also habe ich mit dem Blödsinn aufgehört. Vielleicht nicht ganz, aber doch meistens.

Nur bei wenigen Anlässen werde ich noch immer laut: Wenn der Mitarbeiter seinen Probierlöffel mehrfach verwendet – weil ich nicht will, dass sich sein Speichel in der Sauce befindet, die ich dem Gast serviere. Wenn er mit dem Finger probiert – weil der Finger im Essen sowieso nichts verloren hat. Wenn er den Teller mit bloßen Händen anfasst und seine Fingerabdrücke auf dem Porzellan hinterlässt. Wenn er schmutzige Fingernägel hat. Wenn er seinen Platz nicht aufräumt.

Das Gleiche hat Herr Witzigmann übrigens in einem denkwürdigen Brief von mir verlangt. Ich habe ihm genau zugehört. Und ich habe den Brief bis heute aufgehoben.

Lieber Roland!

Ich finde es an der Zeit, Dir einmal zu sagen, dass Dein Verhalten anderen Leuten gegenüber nicht mehr zu akzeptieren ist.

Erstens würde es sich gehören, sich einmal zu freuen und zu bedanken, dass man es Dir ermöglicht hat, einen Herd, neue Arbeitstische etc. zu bekommen.

Diese Unordnung in der Küche insgesamt, sprich in sämtlichen Schubladen, muss geändert werden.

Außerdem diese abnormale Pfannenansammlung unter dem Herd, das ist ja auch anders zu lösen, indem man zum Beispiel die Pfannen nach groß und klein ordnet und stapelt.

Insgesamt herrscht eine schlechte Ordnung, die alle Beteiligten zu verbessern aufgefordert sind. Ich bin mir dessen bewusst, dass die Küche zu wenig Platz hat, aber gerade da ist Sauberkeit und Ordnung oberstes Gebot.

Wenn man die Möglichkeit hat, den Arbeitsplatz und dessen augenblickliche Situation zu verbessern, dann ist das Deine Aufgabe.

So positiv Deine Leistung ist, gebe ich Dir einen guten Rat: Mache nicht den verfänglichen Fehler, das Gefühl zu bekommen, Du wärst unersetzlich, und Dir Star-Allüren zuzulegen.

Vieles richtet sich schon nach Dir, Deinen Wünschen und Launen, aber glaube nicht, dass alle nach Deiner Pfeife tanzen werden. Gut kochen alleine reicht nicht, um ein ganz Großer zu werden.

Zum Abschluss: Ich bin gespannt, wie es klappen wird an den kommenden Tagen!

Auch im Organisieren und im Delegieren liegt die Kunst.

Diese Zeilen, lieber Roland, sollen Dir mitteilen, wie sehr ich Dich mag, aber versuche, Dein Verhalten in den Griff zu bekommen.

Sei herzlichst gegrüßt
Dein
Eckart Witzigmann

ÜBER DIE VERPFLEGUNG AUF FLUGREISEN

Der Flughafen ist ein großartiger, aber auch absurder Ort. Einerseits werden Milliarden investiert, damit neue Terminals imposant aussehen und reibungslos funktionieren, aber gleichzeitig kriegst du auf keinem Flughafen etwas Vernünftiges zu essen, ganz abgesehen davon, dass du hinter der Sicherheitskontrolle sogar für eine Flasche Wasser ein Vermögen bezahlst.

Deshalb bin ich auch skeptisch, dass es jemals gute Restaurants oder Imbisse auf Flughäfen geben wird – die Preise würden durch die Decke schießen.

Ich bin allerdings auch vorgeschädigt, was Flughäfen betrifft. Ich bin so viel geflogen, habe so viele Flughäfen erlebt, bin von zahllosen Hilfssheriffs befummelt worden und musste gelangweilten Security-Aushilfen erklären, warum ich eine Zahnpasta in meiner Tasche habe: weil ich mir nach dem Essen gern die Zähne putze. Meine Rettung vor dem Nervenzusammenbruch waren die Noise-Cancelling-Kopfhörer von Bose, weil sie mich vom Drumherum einigermaßen abgeschirmt und mich mit mir allein gelassen haben.

Dafür haben die Entwickler, finde ich, mindestens einen Nobelpreis verdient.

Deshalb frage ich mich, ob der Flughafen wirklich ein geeigneter Ort für ein gutes Restaurant ist. Zwar haben sich vor allem in Asien viele gute Restaurants in riesigen Shoppingmalls angesiedelt, aber da besteht schon noch ein Unterschied. Die Shoppingmall ist in Asien ein richtiger Freizeitpark, wo die Menschen freiwillig Zeit verbringen. Auf dem Flughafen hingegen verdichten sich so viele negative Energien, dass die Voraussetzungen für echten Genuss einfach nicht gegeben sind. Im Flugzeug wäre das anders. Sobald der Vogel die Landebahn verlassen hat, ist jeder Fluggast so erleichtert, dass er den Scheiß am Flughafen hinter sich gelassen hat und endlich seinem Sehnsuchtsort entgegenschwebt, dass er über eine gute Mahlzeit noch so froh wäre. Jetzt einmal abgesehen von den Menschen, die wegen ihrer Flugangst eh nur Valium schlucken wollen.

Nun behaupten ja viele Fluglinien, dass es bei ihnen richtig gutes Essen gibt. Oft werden auch irgendwelche Starköche als Testimonials für die Menüs in der Businessclass vorgezeigt. Gutes Essen ist dabei aber nie herausgekommen, weil unter den Voraussetzungen, die eine Bordküche bietet, einfach keine guten Ergebnisse möglich sind.

Ich bin selbst einmal gefragt worden, ob ich so ein Starchef sein möchte. Ich habe Ja gesagt und hatte dann acht Leute von einer großen Fluglinie bei mir im „Hangar-7", und wir haben darüber gesprochen, was möglich ist und was nicht. Aber es ist schon daran gescheitert, dass ich mein Essen von den hübschen Stewardessen serviert haben wollte, die immer in die Economyclass abkommandiert werden. Da ist sofort die Gleichstellungsbeauftragte aufgesprungen und hat gefragt, was ich mir da überhaupt herausnehme, und so ist aus der Sache auch nichts geworden.

In meinen Jahren im „Hangar-7" bin ich bestimmt über eine Million Meilen geflogen. Aber gut gegessen habe ich nie (einzig das

Catering von Do&Co in der Businessclass der Austrian war einigermaßen okay, dort fliegt aber auch auf jeder Maschine ein Koch mit).

Man muss sich also vielleicht aufs Trinken konzentrieren. Einmal bin ich mit Herrn Witzigmann nach Mallorca geflogen, und Herr Witzigmann hat sich einen Champagner mit Eis bestellt. Als der Champagner kam, fand ihn Herr Witzigmann aber noch immer zu warm und bat um einen zweiten Eiswürfel.

Da beugte sich die Stewardess gönnerhaft zu ihm und sagte: „Sie wissen aber schon, dass Champagner eigentlich ohne Eiswürfel getrunken wird."

Nun kennt sich Herr Witzigmann bei Champagner wirklich sehr gut aus. Er sagte also ganz freundlich zur Stewardess: „Liebe Dame, ich habe schon Europaletten von Champagner getrunken. Sie müssen mir nicht erzählen, wie man Champagner trinkt!"

So kommt man auf der Reiseflughöhe vielleicht am besten zurecht.

WIE UNS FREMDE KULTUREN VERÄNDERN.
ODER WIR SIE

Es gab eine wesentliche Voraussetzung für meinen Job. Ich durfte keine Scheuklappen tragen und niemals das Gefühl auf meine Reisen mitnehmen, dass bei mir am Berg die Wahrheit mit dem Löffel gefressen wird.

Das heißt nicht, dass ich keine dezidierte Meinung zu allem Möglichen haben durfte. Es war sowieso nie eine Schwäche von mir, keine Meinung zu haben.

Aber ich hatte offen zu sein und mich auch darauf einzustellen, was andere denken und welche Traditionen sie haben. Auch wenn diese Traditionen nicht mit dem vereinbar sind, was wir so denken.

Zum Beispiel die Sache mit den Hunden. Für 1,3 Milliarden Chinesen ist es völlig selbstverständlich, dass man Hunde schlachtet und isst, so wie man Schweine schlachtet und isst. Bin ich als Mitteleuropäer also befugt, meinen Finger zu heben und zu sagen: Lasst die Hunde aus den Käfigen, es ist unanständig, Hunde zu essen? Wer ist denn da im Recht? Die vielen oder wir wenige?

Umgekehrt fragen sich die Vielen ja auch, was denn in uns Bergheinis gefahren ist, wenn wir herrlichen, reifen Schimmelkäse ohne ein Zeichen von Ekel betrachten, aufschneiden und verspeisen. Nie habe ich Asiaten so fassungslos gesehen wie beim Käsegang. Das ist für sie mindestens so schlimm wie für uns eine Klapperschlangensuppe.

Aus vielen solchen Erlebnissen und Situationen habe ich eines gelernt: Es steht uns nicht zu, auf Kulturen herunterzuschauen oder sie verändern zu wollen. Lass sie, wie sie sind. Akzeptiere sie. Und wenn du ein Problem damit hast, in ein Land zu reisen, wo man geschmorte Hunde im Restaurant isst, dann reise nicht in dieses Land. Denn es steht uns nicht zu, fremde Kulturen verändern zu wollen.

Und selbst wenn, wie das in China manchmal praktiziert wird, der bedauernswerte Affe an den Tisch gezerrt wird, wo man seinen Kopf in das dafür vorgesehene Gestell zwängt und mit Hämmern so lange draufschlägt, bis das Tier tot ist, damit man dann die Schädeldecke abnehmen und sein Gehirn verspeisen kann. Selbstverständlich ist das eine Perversion. Aber ich denke mir dann, dass dieses Tier vielleicht in einem früheren Leben ein Kinderschänder war oder ein Massenmörder und diesen Tod sogar verdient hat. Vielleicht war der Affe ja einmal der Hitler.

Wobei ich dessen Gehirn auch nicht im Bauch haben möchte.

JEDEN MONAT DEN KREIS ZUM QUADRAT MACHEN:

DIE TECHNISCHEN HERAUSFORDERUNGEN DER »HANGAR-7«-KÜCHE

Die „Hangar-7"-Küche ist so ausgestattet, dass sich jeder Koch darin zurechtfindet, egal ob er jetzt auf Induktion oder auf Gas schwört. Damit sind die Voraussetzungen geklärt, und die Probleme können beginnen.

Denn die chinesische Küche, wo ja die meisten Gerichte im Wok zubereitet werden, geht von einem völlig anderen Gasdruck aus. In China schießen die Flammen nur so aus der Leitung, jeder technische Prüfer bei uns würde sofort einen Nervenzusammenbruch bekommen.

Gleichzeitig ist die enorme Hitze, die von dieser Flamme erzeugt wird, eine Voraussetzung für das Kochen im Wok. Da müssen wir zwangsläufig improvisieren, denn auf den Gasdruck in unserer Küche habe ich beim besten Willen keinen Einfluss.

Auch bei indischen Gerichten stoße ich in einer konventionellen Küche an Grenzen. Denn der meiste Fisch und das meiste Fleisch werden zuerst in Joghurt und Gewürze eingelegt und anschließend in einem Tandoor-Ofen gegart. Für mich ist das eine sensationelle Methode. Der Ofen ist ein extrem ausgeklügeltes Kochelement. Du klatschst an der Seite dein Fladenbrot drauf, und es gelingt immer. Gleichzeitig gibt es keinen anderen Ofen, an dem du dich so oft verbrennst. Denn im Inneren herrscht eine gigantische Temperatur, mit der du spielen musst. Der Spieß muss permanent bewegt werden, wieder herausgenommen, mit Fett, Butter oder Marinade eingepinselt und dann wieder hineingeschoben. Für mich sind alle, die einen Tandoor-Ofen bedienen können, echte Künstler.

Aber auch wir mussten den Umgang damit lernen. Das war schließlich unsere Stärke: Wir konnten uns nicht aussuchen, ob wir mit dem Tandoor-Ofen arbeiten wollten. Wir mussten ihn einfach bedienen können.

Aber wie? Als ich das erste Mal bei einem indischen Koch saß und aß, habe ich nicht einmal die Basis dessen erkannt, was mir da serviert wurde – und was ich ein paar Monate später selbst kochen sollte. Ich habe nicht mal die Grundfonds erkannt, bis ich dann draufgekommen bin, dass viel mit Cashewkernen gearbeitet wird.

Und wenn du den Typen in der Küche dann über die Schulter geschaut und gesehen hast, wie sie ihre Fonds herstellen, ist sofort ein echtes Glücksgefühl in dir aufgestiegen: Wow, wieder etwas gelernt.

Das passierte laufend, nicht nur mit den exotischeren Kollegen. Auch als ich das erste Mal vor dem Problem stand, Gerichte der Molekularküche nachzukochen. Juan Amador hatte zum Beispiel Gerichte auf dem Programm, die innen flüssig und außen Gelee waren – wie, zum Teufel, soll man so etwas kochen? Die García-Tomate? Keinen Dunst, wie man dieses Rezept umsetzt. Das hat mir schon brutal Angst eingejagt.

Aber dann hat sich der Amador mit mir hingestellt und mich in die Geheimnisse eingeführt.

Manchmal habe ich mich auch geweigert, neue Geräte anzuschaffen. Als die Mode aufkam, mit Destillaten zu arbeiten, habe ich mich ausgeklinkt. Dafür brauchst du einen Destillator für fünfzehntausend Euro, in den du hineinschmeißen kannst, was du willst, und durch Temperatur und Bewegung wird es in ein Destillat verwandelt. Das schaut dann ganz rein und durchsichtig aus wie Wasser, schmeckt aber extrem nach Himbeeren oder Kaffee, je nachdem, was du hineingeschmissen hast.

War auf den ersten Blick spektakulär. Hat mich insgesamt aber nicht umgehauen.

Andere Techniken sind für mich spannender. Das Gefriertrocknen zum Beispiel produziert poröse Scheiben von reinem Geschmack. In Neuseeland bekam ich gefriergetrocknete Granny-Smith-Äpfel, die waren der Wahnsinn, besser als so mancher frische Apfel. Oder Litschis, sensationell. Oder Balsamico-Essig, der Wahnsinn. Davide Scabin hat gefriergetrockneten Gorgonzola gebracht – der war echt der Hammer, ein geiles Produkt. Den hat er dann in Würfeln serviert, und die sind irritierend, weil sie ganz trocken sind. Wenn du hineinbeißt, hast du die Textur einer, sagen wir: Nuss, aber auf dem Gaumen ist sofort der intensive Geschmack des Gorgonzola.

Ich bin auch einem Gerät namens Gastrovac begegnet, das dazu diente, Produkte mit einem zweiten Geschmack zu impfen, sodass am Schluss eine Gurke nach Champignon geschmeckt hat oder umgekehrt. Das war zwar einerseits technisch faszinierend. Aber andererseits musste ich mir dann schon die Frage stellen, warum eine Gurke nach Champignon schmecken soll – schmeckt sie doch schon selten genug richtig nach Gurke. Wir befinden uns da an der Grenze zu L'art pour l'art, wenn Dinge gemacht werden, bloß weil sie möglich sind.

Aber es geht bei der Spitzenküche natürlich auch um Show, gar keine Frage. Als ich selbst am Anfang meiner Karriere stand, hat mich diese Show auch sehr fasziniert. Je reifer ich geworden bin, desto mehr hat sie mich gelangweilt. Inzwischen geht es für mich nur noch um den Geschmack. Die Show ist mir egal geworden, weil ich gesehen habe, wie hohl sie ist. Sie kotzt mich regelrecht an.

Ein perfektes Rindsgulasch wird mich hingegen nie ankotzen. Das Gericht wird Bestand haben. Aber die Gurke, die nach Champignon schmeckt, hat keinen Bestand.

Worauf ich allerdings nicht mehr verzichten möchte, ist der Druckdampfgarer. Der funktioniert wie ein Schnellkochtopf. Ich stehe gewaltig drauf, weil ich darin jeden Sud ansetze. Egal, ob es ein Tomaten-, ein Krustentier- oder eine Fischsud ist – alles kommt zusammen hinein, Wasser drauf, dann gibt das Gerät Vollgas, und nach zwanzig, fünfundzwanzig Minuten kommt ein ungeheuer geschmackvoller, klarer Sud heraus, wie du ihn am Herd nie hinbekommst.

Auch ein Schockfroster ist ein Gerät, das aus der Küche nicht mehr wegzudenken ist. Wenn ich jetzt zum Beispiel frische Garnelen aus Sizilien bekomme und sie ausbreche, kann ich sie mit diesem Gerät ganz schnell herunterfrieren. Das geht so rasch, dass dabei keine Flüssigkeit austritt, und die Qualität der Garnelen wird durch das Herunterfrieren nicht gemindert. Großartig! Das war früher einfach nicht möglich.

Mit einem anderen Gerät, das gerade in der Spitzenküche Furore macht, tue ich mich hingegen schwer: mit dem Big Green Egg, einem speziellen Grill, den, glaube ich, der Sergio Herman populär gemacht hat. Mittlerweile steht der in fast jeder Küche. Du kannst darin räuchern, auf Niedrigtemperatur garen, scharf grillen. Es wird einfach

unten Kohle zum Glühen gebracht und oben gegrillt. Wir hatten natürlich auch Green Eggs in der Küche, sogar zwei oder drei, weil die Köche sie irgendwann gebraucht haben. Trotzdem ist das Green Egg für mich nicht ideal, weil ich es – für mich das Wichtigste bei einem Grill – nicht in der Höhe verstellen kann. Ich kann nicht einfach den Rost vom Feuer heben und so die Temperatur regeln, sondern ich muss alles über die Temperatur selbst einstellen. Scheiße, was mir schon alles verbrannt ist auf diesem Ding. Was natürlich zuerst an mir selbst liegt und erst dann am Green Egg.

Auch der Josper-Grill ist faszinierend, wenn auch ein bisschen abschreckend. In der Küche von Frantzén-Lindeberg haben sie Fisch, Fleisch, eigentlich alles auf dem Josper-Grill gemacht. Aber die Küche war winzig klein, und sie mussten den Josper-Grill täglich neu anschmeißen. Allerdings war die Küche zum Restaurant hin offen, sodass jeden Tag die Küche abgedichtet werden musste, damit der Grill beim Anheizen nicht das Restaurant ausräuchert. Da gehört auch ein gewisser Idealismus dazu, um sich dann nicht nach Alternativen umzuschauen, so großartig der Ofen auch ist.

Bei anderen Geräten bin ich hin- und hergerissen, ob ich sie für einen Fluch oder einen Segen halten soll. Der Pacojet, mit dem du Lebensmittel mikropürieren kannst, hat sicher vieles erleichtert – und manch einen Koch dazu motiviert, mir vor dem Hauptgang noch ein Sorbet zu schicken. Im Sous-Vide-Garer ist es extrem einfach geworden, Fleisch im Vakuum und auf Niedrigtemperatur zu garen, sodass viele Köche ihr Fleisch nur mehr so zubereiten – der Biss eines klassisch zubereiteten Stücks Fleisch ist dabei völlig verloren gegangen.

Auf dem Thermomix haben wir schon vor dreißig Jahren herumgestümpert – und das Ding schon damals nicht gebraucht. Denn das muss mir erst einmal jemand erklären, warum ich meinen Risotto in einem Thermomix zubereiten soll. Ich fürchte, dazu bin ich zu konservativ.

NORDIC CHARME: STOCKHOLMS TRENDSETTER
FRANTZÉN (RE.) UND LINDEBERG

SCHWEIN MIT KAVIAR

Von Santi Santamaria

PAPADA
600 g frische Papada
Ibérica de Bellota
(frisches Kinnlappenfleisch vom
iberischen Eichelschwein)
500 g Meersalz
250 g Kristallzucker
125 g mildes Paprikapulver

KARTOFFELPÜREE
400 g La-Ratte-Kartoffeln
feines Meersalz
160 g kalte Butterwürfel
etwas kochend heiße Vollmilch
frisch gemahlener weißer Pfeffer

WEISSE LAUCHBUTTER
100 g Lauch (nur das Weiße)
50 g Butter
50 ml trockener Weißwein
500 ml Wasser
150 g süße Sahne
20 g kalte Butterwürfel
Meersalz

BABYLAUCH
8 kleine Stangen Babylauch
10 g Butter
feines Meersalz

ANRICHTEN
reichlich iranischer Beluga-Kaviar
nach Belieben

PAPADA
Die frische Papada kurz mit einem Bunsenbrenner abflämmen, um eventuell noch vorhandene Haare zu entfernen, dann quadratisch zuschneiden. Das Meersalz, den Kristallzucker und das Paprikapulver in einer Schüssel vermischen, die Hälfte der Beize in eine Form geben, darauf die Papada legen und mit der restlichen Beize bedecken. Das Ganze 3 Stunden in den Kühlschrank stellen. Die Papada aus der Beize nehmen und unter fließendem kaltem Wasser gründlich abspülen, dann trocken tupfen, in einen Vakuumierbeutel legen und vakuumieren. Dann 9 Stunden im Dampfgarer bei 85 % Dampf garen. Den Vakuumierbeutel aus dem Dampfgarer nehmen und zum Abschrecken in ein Eiswürfelbad legen. Vor dem Anrichten die Papada in Stücke (ca. 5 cm Kantenlänge) schneiden, an der Papada-Oberseite mit einem großen Kugelausstecher mittig eine Öffnung (wie eine Halbkugel) aushöhlen. Die Papadastücke im Dampfgarer erwärmen.

KARTOFFELPÜREE
Die Kartoffeln in Salzwasser weich kochen, abgießen und pellen. Die Kartoffeln kurz ausdämpfen lassen und durch eine Kartoffelpresse drücken. Die kalten Butterwürfel nach und nach zugeben und gut vermengen. Wenig kochend heiße Vollmilch zugeben, und das Kartoffelpüree mit feinem Meersalz und frisch gemahlenem Pfeffer abschmecken, dann durch ein feines Haarsieb

streichen und in einer Schüssel über einem warmen Wasserbad warm halten.

WEISSE LAUCHBUTTER

Den Lauch waschen und in sehr kleine Würfel schneiden. Die Butter in einem Topf zerlassen, und die Lauchwürfel darin einige Minuten farblos andünsten. Den Weißwein zugeben und vollständig reduzieren. Dann das Wasser zugeben, aufkochen und langsam bei mittlerer Hitze auf ein Drittel reduzieren. Die Sahne zugeben und aufkochen, dann das Ganze durch ein feines Sieb gießen. Die abgetropfte Flüssigkeit der gedünsteten Lauchwürfel mit einem Esslöffel aufmixen, dann mit Meersalz abschmecken. Zum Schluss die kalten Butterwürfel zugeben und schaumig aufmixen.

BABYLAUCH

Die Babylauchstangen putzen, waschen und abtropfen lassen. Die Butter in einem Topf zerlassen, und die Babylauchstangen darin kurz farblos anschwitzen. Dann mit Meersalz würzen und sofort anrichten.

ANRICHTEN

Etwas Kartoffelpüree in die Mitte von vier vorgewärmten Tellern geben und mit dem Löffel kreisförmig auseinanderziehen, sodass in der Mitte eine Mulde entsteht. Je 1 Stück Papada in die Mitte setzen und mit etwas aufgeschäumter Papada-Sauce übergießen. In die Papada-Öffnung reichlich Beluga-Kaviar geben.
Die Teller mit je 2 Babylauchstangen garnieren und sofort servieren.

GERICHTE, SO GUT, DASS ICH WEINEN MUSSTE

Ich bin ein Mensch, der nah am Wasser gebaut hat. So nennt man in Südtirol einen, der schnell einmal in Tränen ausbricht. Wenn ich auf YouTube jemanden in einer Castingshow sehe, der merkwürdig aussieht, aber großartig singen kann, rinnen mir sofort die Tränen über die Wangen. Und meine Frau sitzt neben mir und grinst und sagt: „Jetzt heulst du schon wieder."

Oder wenn sich Menschen freuen. Wenn jemand bei den Olympischen Spielen gewonnen hat und davon sichtbar berührt ist. Dann schießen auch mir sofort die Tränen in die Augen.

Oder im Kino. Am Ende von *E.T.* Wenn unser Freund wieder nach Hause schwebt …

Es wäre also fast komisch, wenn mir als sensiblem Koch nicht auch die Tränen kämen, sobald ich etwas Umwerfendes zu essen bekomme. Und es passiert immer wieder. Ich sitze am Tisch, jemand bringt mir zu essen, ich betrachte den Teller und nehme den Geruch in mich auf, und plötzlich erfasst mich über so viel Harmonie und Finesse und Wohlgeschmack eine Welle der Rührung, und ich sehe gar nicht mehr scharf, was vor mir auf dem Teller liegt.

Aber es ist nicht nur Rührung. Es ist Überwältigung. Ich bin buchstäblich überwältigt, ehrlich bewegt, wenn es jemandem gelingt, Wohlgeschmack und Spannung so zu verbinden, dass echte, tiefe Emotionen freigelegt werden. Freude, Neugier und Sehnsucht verbinden sich dabei zu einer Energie, die mir dann in Form von Tränen über die Wangen läuft.

Sie fragen nach Beispielen? Kein Problem.

Überwältigend war der Seeigel von Richard Ekkebus. Blumenkohl, Hummergelee, Seeigel aus Hokkaido, Kaviar. Schlicht und einfach der Wahnsinn.

Überwältigend war ein Essen, das ich vor fünfzehn Jahren mit Herrn Witzigmann im „Elkano" in der Nähe von San Sebastián hatte. Für uns beide noch immer eine der besten Mahlzeiten unseres Lebens. Damals haben wir, erinnere ich mich, beide fast geweint, als die Glasaale aufgetragen wurden. Und Cocochas, die Kiemenlappen vom Seehecht, in Ei gebacken. Und ein Steinbutt vom Grill. Unglaublich überzeugende Produkte. Da muss ich gar nicht wegen der großen Kochkunst, sondern wegen der famosen Qualität des Produkts weinen.

Bei Peter Gilmore in Sydney habe ich geweint. Seine Papada vom Schwein, das auf Niedrigtemperatur gegart worden war, und dazu in

einer großartigen Sojasauce roh marinierte Jakobsmuscheln. Dazu kamen Shiitakepilze, die im Fett vom Serranoschinken geröstet worden waren. Und frittierter Topinambur, aber nur die Schalen. Peter hat die Topinambur im Ofen gegart, dann das Innere herausgekratzt und nur die Schalen verwendet. *Schnüff.*

Auch bei den Gerichten von David Thompson stand mir immer das Wasser in den Augen. Das hatte allerdings nicht nur mit meiner Sensibilität zu tun, sondern auch mit der Schärfe der Gerichte.

Der Steinbutt mit Misobutter von Pascal Barbot.

Das Schwein mit Kaviar von Santi Santamaria.

Der roh marinierte Thunfisch mit Avocado und Ingwer-Vinaigrette von Jean-Georges Vongerichten. Oft kopiert, unter anderem von mir selbst.

Eine hauchdünn geschnittene und auf offenem Feuer scharf angegrillte Rinderzunge von Brent Savage in Sydney.

Das vier Stunden lang gegarte Huhn von Mauro Colagreco in Menton. Mauro hat mir erst gezeigt, wie ein Huhn richtig gebraten wird. Nämlich nicht im Ofen, wo entweder die Keulen blutig sind oder die Brust trocken, sondern in der Pfanne. Da gibt es sechzehn Positionen, wie das Huhn in der Pfanne sitzt, damit die Hitze das ganze Tier richtig durchströmen kann. Das dauert vier Stunden. Die Brust kommt nie in Kontakt mit dem Feuer. Wahnsinnig aufwendig. Rührend gut.

Die Profiteroles mit Vanilleeis, die mir der italienische Patissier von Anatoly Komm gemacht hat. Umwerfend.

Die Cataplana von Dieter Koschina. Die rührt mich nicht nur, die macht mich abhängig. Ich fahre mindestens einmal pro Jahr nach Portugal, und wenn ich ihn anrufe, setzt er die Cataplana schon an mit ihren roten Gambas und den Muscheln.

Die Rote-Bete-Knödel vom „Patscheiderhof".

Die Marillenpalatschinken, die ich für meinen Sohn Diego mache. Wobei da eher die Tränen meines Sohnes fließen, wenn ich wieder einmal eine Palatschinke zu wenig gemacht habe.

STEINBUTT, MISOBUTTER, GRÜNE MANGO UND PAPAYA

Von Pascal Barbot

BRAUNE SALBEIBUTTER
150 g Butter
5 frische Salbeiblätter

MISOBUTTER
100 g weiße, milde Misopaste
1 Msp. Knoblauchwürfel
1 Msp. frisch geriebener Ingwer
1 Ei (7 Minuten gekocht)
100 g lauwarme braune
Salbeibutter (siehe Teilrezept
„Braune Salbeibutter")

MANGO-PAPAYA-SALSA
20 g grüne Mango, fein gewürfelt
20 g reife gelbe Mango, fein gewürfelt
20 g grüne Papaya, fein gewürfelt
20 g reife Papaya, fein gewürfelt
etwas frisch gepresster Limettensaft
1 EL Olivenöl
etwas frisch gepresster Ingwersaft

GRÜNES GEMÜSE
50 g frische Keniabohnen
40 g frische Saubohnenkerne
50 g frische Zuckerschoten
Salz
10 g Butter
1/2 TL fein gehacktes frisches
Bohnenkraut

STEINBUTT
50 g Zucker
50 g Salz
240 g Steinbuttfilet
(mit Haut und grätenfrei)
etwas Olivenöl

ANRICHTEN
4 Thymianblüten
4 kleine Vogelmierespitzen
4 kleine Austernpflanzenblättchen
4 kleine Tah-Tsai-Blättchen
4 kleine Erbsensprossen

BRAUNE SALBEIBUTTER
Die Butter in einem Topf zerlassen. Die Salbeiblätter darin bei mittlerer Hitze so lange köcheln lassen, bis die Butter braun wird. Die braune Salbeibutter durch ein feines Sieb passieren und lauwarm weiterverarbeiten (siehe Teilrezept „Misobutter").

MISOBUTTER
Die weiße Misopaste, die Knoblauchwürfel und den geriebenen Ingwer in einen Mixbecher geben. Das Ei schälen, würfeln und zugeben. Dann alles zusammen fein mixen. Die lauwarme braune Salbeibutter einfließen lassen und emulgieren. Die Misobutter in einen Spritzbeutel füllen und beiseitestellen.

MANGO-PAPAYA-SALSA
Die Mango- und Papayawürfel mit etwas frisch gepresstem Limettensaft und dem Olivenöl marinieren. Zum Schluss etwas frisch gepressten Ingwersaft untermischen. Mithilfe von zwei kleinen Löffeln Nocken drehen.

GRÜNES GEMÜSE
Die geputzten Keniabohnen, die Saubohnenkerne und die Zuckerschoten separat in sprudelnd kochendem Salzwasser bissfest blanchieren und in Eiswasser abschrecken. Die weißen Häutchen der Saubohnenkerne entfernen. Kurz vor dem Anrichten die Butter in einer Pfanne zerlassen. Das abgetropfte Gemüse darin unter Schwenken glasieren, dann das Bohnenkraut zugeben und mit Salz abschmecken.

STEINBUTT

Den Zucker und das Salz in einem tiefen Teller mischen. Das Steinbuttfilet beidseitig mit der Zucker-Salz-Beize bestreuen und auf einem Teller 7 Minuten ruhen lassen. Dann das Steinbuttfilet unter fließendem kaltem Wasser gründlich abwaschen und trocken tupfen. Einen tiefen Teller mit etwas Olivenöl bepinseln, das Steinbuttfilet darauflegen und mit Klarsichtfolie überziehen. Das Steinbuttfilet im Druckdampfgarofen 3 Minuten bei 119 °C garen, dann aus dem Ofen nehmen und 2 Minuten ruhen lassen. Das Steinbuttfilet in 4 Tranchen schneiden.

ANRICHTEN

Das grüne Gemüse in die Mitte von vier flachen Tellern verteilen. Davor je 1 Tupfen Misobutter spritzen. Je 1 Tranche Steinbutt mit der Hautseite nach oben auf das grüne Gemüse legen. Daneben je 1 Nocke Mango-Papaya-Salsa setzen. Das grüne Gemüse mit je 1 Thymianblüte, 1 Vogelmierespitze, 1 Austernpflanzenblättchen und 1 Tah-Tsai-Blättchen garnieren. Zum Schluss je 1 kleine Erbsensprosse auf den Steinbutt legen.

PAPADA, JAKOBSMUSCHELN, SHIITAKEPILZE UND TOPINAMBURCHIPS

Von Peter Gilmore

PAPADA GAREN
1 Papada
(Kinnlappenfleisch vom iberischen Schwein, ca. 400–500 g)
1 Zweig Thymian
40 g helle Gemüsewürfel
(Mirepoix: Zwiebel, Knollensellerie, Fenchel)
400 ml Geflügelbrühe
12 g Salz

GEWÜRZBUTTER
50 g Frühstücksspeck, in Scheiben geschnitten
5 frische Lorbeerblätter
4 getrocknete Wacholderbeeren, angedrückt
250 g geklärte Butter

TOPINAMBUR
6 frische Topinambur
500 g Butterschmalz
Salz
2 EL Gewürzbutter

MARINIERTE JAKOBSMUSCHELN
125 ml weiße Sojasauce
2 g getrocknete Kombu-Algenblätter
2 g Bonitoflocken
4 frische Jakobsmuscheln in der Schale

PAPADA FERTIGSTELLEN
1 gegarte Papada
(siehe Teilrezept „Papada garen")
Gewürzbutter
Salz

SHIITAKEPILZE
12 frische Shiitakepilze
1–2 EL Gewürzbutter
Salz

ANRICHTEN
Einige weiße essbare Blütenblätter
(z. B. Schnittknoblauch, Bärlauch)

PAPADA GAREN
Die Schwarte der Papada abschneiden. Die Papada in einen Vakuumierbeutel geben. Den Thymianzweig und das Mirepoix zugeben. Die Geflügelbrühe mit dem Salz verrühren und in den Vakuumierbeutel füllen, dann vakuumieren. Den Vakuumierbeutel in ein warmes Wasserbad legen und die Papada 8 Stunden bei konstant 85 °C garen. Dann aus dem Wasserbad nehmen und im Vakuumierbeutel abkühlen lassen. Bis zum Anrichten kühl stellen.

GEWÜRZBUTTER
Den Frühstücksspeck, die Lorbeerblätter und die angedrückten Wacholderbeeren in einen Vakuumierbeutel geben. Die abgekühlte, geklärte Butter zugeben und vakuumieren. Den Vakuumierbeutel in ein warmes Wasserbad legen und 3 Stunden bei konstant 50 °C ziehen lassen. Dann die Gewürzbutter durch ein feines Sieb passieren und beiseitestellen.

TOPINAMBUR

Die Topinambur waschen und ungeschält im Kombi-Dämpfer sehr weich dämpfen. Die heißen Topinambur mit einer Gabel aufbrechen, dann das Innere mit einem Löffel ausschaben und beiseitestellen. Die Topinamburschalen mit einem Küchenkrepp auseinanderdrücken und beiseitestellen. Kurz vor dem Anrichten das Butterschmalz in einem Topf auf 150 °C erhitzen. Die Topinamburschalen darin nacheinander ausbacken. Die Topinamburchips auf Küchenkrepp abtropfen lassen und leicht salzen, sofort anrichten. Die Gewürzbutter in einer Pfanne erhitzen und die Topinamburstücke darin anbraten. Den Topinamburstampf salzen.

MARINIERTE JAKOBSMUSCHELN

Die weiße Sojasauce und die zerkleinerten Kombu-Algenblätter in einem Topf auf 65 °C erwärmen und 15 Minuten ziehen lassen. Dann die Bonitoflocken zugeben und weitere 10 Minuten ziehen lassen. Die Marinade durch ein feines Sieb passieren und auf Raumtemperatur abkühlen lassen. Die Jakobsmuscheln aus der Schale brechen, säubern und unter fließendem kaltem Wasser abwaschen, dann mit Küchenkrepp trocken tupfen. Jede Jakobsmuschel quer in 3 Scheiben schneiden. Die Jakobsmuschelscheiben auf einen tiefen Teller legen, mit der Marinade übergießen und unter der Wärmelampe erwärmen.

PAPADA FERTIGSTELLEN

Die Papada aus dem Vakuumierbeutel nehmen und in 4 Portionen schneiden. Die Gewürzbutter in einem Topf auf 70 °C erwärmen, die Papadastücke hineinlegen und darin erwärmen. Dann kurz abtropfen lassen und mit Salz bestreuen.

SHIITAKEPILZE

Die Haut der Shiitakepilze abziehen und den Stiel entfernen. Die Shiitakepilze in 2 mm feine Scheiben schneiden. Die Gewürzbutter in einer Pfanne erhitzen. Die Pilzscheiben darin kurz scharf ansautieren und mit Salz würzen.

ANRICHTEN

Den Topinamburstampf auf vier flache Teller verteilen, darauf je 1 Stück Papada setzen. Die marinierten Jakobsmuschelscheiben und die Shiitakepilze auf und um das Fleisch verteilen. Einige Topinamburchips an das Fleisch lehnen. Zum Schluss mit einigen weißen Blütenblättern garnieren.

DIE BESTEN KÖCHE DER WELT
(UND MEIN LIEBSTES RESTAURANT)

Keine Frage, die mir nach meinen Jahren im „Hangar-7" so oft gestellt wurde, wie: Wer, Roland, war eigentlich der beste Koch, mit dem du gearbeitet hast?

Das ist eine Frage, die ungefähr so leicht zu beantworten ist wie die Frage nach deinem Lieblingsgericht, deinem Lieblingsbuch oder dem liebsten Musikstück. Die ehrliche Antwort lautet: Kann ich nicht genau sagen. Ändert sich dauernd. Hängt von meiner Stimmung ab, von der Tageszeit, von der Außentemperatur, davon, woher ich gerade komme. Um drei in der Früh will ich keinen Hummer, um drei in der Früh will ich die beste Currywurst. Und abends beim Fine Dining will ich sicher keine Currywurst (aber Hummer muss auch nicht sein).

Ich kann mich dem Ergebnis annähern.

Wenn ich den kompletten Gastronomen suche, der nicht nur kochen kann, sondern auch Menschen führen, Teams zusammenstellen, der verschiedene Kochstile beherrscht und zu Konzepten veredeln kann, der weiß, wie man ein Restaurant führt, damit es am

Schluss auch Geld verdient, der innovativ ist, aufbruchbereit und trotzdem ein ökonomisches Bewusstsein besitzt:

Dann lande ich zwangsläufig bei Jean-Georges Vongerichten. Er hat es geschafft, auf bescheidene und charmante Weise ein regelrechtes Imperium an Restaurants in aller Welt aufzubauen, die sowohl verblüffend gut sind als auch gutes Geld verdienen. Wenn ich ein neues Konzept erfunden hätte, wäre Jean-Georges der Erste, mit dem ich darüber spreche, um mir seine Einschätzung abzuholen. Es gibt keinen kompetenteren Gastronomen als ihn.

Aber natürlich bedeutet Kochen auch etwas ganz anderes. Es transportiert Erinnerungen, es hält zum Beispiel die eigene Kindheit fest. Deshalb gehe ich jedes Mal, wenn ich nach Südtirol komme, wo ich aufgewachsen bin, zum „Patscheiderhof" auf dem Ritten. Das ist ein Wirtshaus, wo es sensationelle Rote-Bete-Knödel gibt, wo die Schlutzkrapfen sensationell sind und die Ripperln ganz genau so, wie es sich gehört. Diese Gerichte werden hier seit Jahrzehnten gekocht, täglich und immer auf demselben grandiosen Niveau, sodass ich vor dieser Konsequenz und Disziplin nur den Hut ziehen kann. Unter diesen Voraussetzungen – köstliche, zugängliche Gerichte täglich von Neuem auf höchstem Niveau zu reproduzieren – gehört der Patscheider für mich zu den besten Köchen der Welt.

Klar, ich liebe das Simple. Ich liebe die Transparenz auf dem Teller. Ich liebe es, wenn ich weiß, was der Koch sich dabei gedacht hat, als er ein Gericht kreiert hat.

Aber ich lasse mich genauso gern überraschen. Wenn ich selbst eine Gänsestopfleber brate, wird nicht viel mehr als diese Leber auf dem Teller sein. Aber wenn Sergio Herman eine Gänsestopfleber zubereitet, gibt es mindestens zehn winzige Gerichte von der Leber. Das ist sein Stil. Er macht aus jeder Idee ein Feuerwerk. Er sprüht von Assoziationen. Er ist, im positiven Sinn, völlig durchgeknallt und hat alle Grenzen der Spitzengastronomie gesprengt, indem er noch ausufernder, noch mutiger war als alle anderen. Damit hat er Neuland erobert. Von ihm und seinem Restaurant „Old Sluis", das inzwischen geschlossen ist, sind unendlich viele Impulse und Visionen ausgegangen.

Hätte ich den menschlichen Makel der Eifersucht – zum Glück bin ich davon völlig frei –, Sergio Herman wäre einer, auf den ich eifersüchtig sein könnte. Er sieht unglaublich gut aus. Er bringt mit genialer Konsequenz seinen Stil durch. Wenn man der Meinung wäre, dass Kochen mit Kunst zu tun hat (was ich nicht bin, ich halte Kochen für ein Handwerk), dann wäre Sergio der lebende Beweis. Er sieht nicht nur seine schönen Teller. Er sieht das große Ganze, die Räume, wo er arbeitet, das Design, die Kleider, die er und seine Angestellten tragen. Er hat Ideen im Überfluss. Und ist dabei ein unglaublich netter Typ geblieben. Wir schreiben einander immer wieder SMS, auch wenn wir uns schon lange nicht gesehen haben. Wenn es einen Prototypen für den kreativen Koch braucht, dann ist es Sergio Herman.

Wenn es um den perfekten Geschmack geht, muss ich drei Namen nennen: Xavier Pellicer, Dieter Koschina und Claus-Peter Lumpp. Die drei sind Köche, wie ich mir Köche vorstelle. Fanatiker. Ihr Produktwissen ist so groß wie ihre Konsequenz, jedes Gericht nur mit den besten Produkten herzustellen. Für die Küche, die sie kochen, ist das auch die einzig mögliche Voraussetzung.

Xavier war bei Santi Santamaria als Souschef und als Küchenchef. Als sich die beiden ein bisschen in die Haare geraten sind, ging er nach Barcelona ins „Abac". Dort habe ich ihn kennengelernt, und zwar mit einem Gericht, das für mich zu den besten zählt, die ich je gegessen habe: ein sautierter Babyoktopus mit Zwiebelragout und Pedro Ximénez. Unfassbar gut. Xavier konnte so fulminant mit Aromen und Texturen spielen. Bei ihm habe ich zum Beispiel das beste Spanferkel meines Lebens gegessen. Noch heute begreife ich nicht, wie der Sauhund diese Kruste so großartig hinbekommen hat.

Gleichauf mit dem Babyoktopus befindet sich die Cataplana von Dieter Koschina. Dieter ist der Rocker unter den Köchen, der in seinem Restaurant, der „Vila Joya", ein strengeres Regime führt, als man es heute eigentlich noch gewöhnt ist. Sein Küchenchef Matteo Ferrantino, der auch lange bei mir war, führt ein noch strengeres Regime, so streng, dass sogar ich mich davon abwende, weil ich nicht finde, dass die Köche Angst vor ihrem Chef haben sollten. Respekt ja, aber du kochst sicher nicht besser, wenn du Angst hast.

Dieter Koschina kocht einfach. Er reduziert und reduziert und reduziert, bis alle Geschmäcke so pur und kräftig sind, wie er sie haben will. Für einen Löffel Sauce verwendet er wahrscheinlich zwei Liter Rotwein, aber vom besten. Wenn du seine Cataplana kostest, geht eine ganze Welt an Geschmäcker auf, großartig, speziell und unvergleichlich. Dieters Cataplana ist für mich ein ausreichender Grund, regelmäßig nach Portugal zu reisen.

Claus-Peter Lumpp ist ein echter Klassiker. Sein Restaurant „Bareiss" gehört seit vielen Jahren zu Deutschlands Topadressen.

{ ORIGINALGENIE: SERGIO HERMAN,
  MEISTER DER HANDSCHRIFT UND DES STILS

Claus-Peter Lumpp kann sich als waschechter Schwabe ein Gericht ohne Sauce gar nicht erst vorstellen, und sein universelles Credo lautet: „Schmecken muss es." Seine Langusten-Trilogie ist ein kleines Wunder an Geschmack. Die Langusten werden als Carpaccio, als Ragout mit Espumas und einer Granny-Smith-Brunoise und gebraten mit einer Langusten-Reduktion serviert, deren Geschmack so tief ist wie der Pazifik.

Über Philosophien, Trends und Hypes muss man mit Claus-Peter Lumpp übrigens nicht reden. Interessiert ihn nicht. Schmecken muss es.

Xavier Pellicer, Dieter Koschina und Claus-Peter Lumpp liefern geschmackliche Kraftpakete. Aber es gibt auch ganz andere Ansätze zur großen Kochkunst. Daniel Patterson macht das von der eleganten Seite. Er ist die Coco Chanel des Geschmacks. Seine Küche findet auf des Messers Schneide statt.

Zum Beispiel kochte er ein Gericht mit grünem Spargel. Von diesem grünen Spargel ließ er die äußerste, eine Spur bittere Schicht mit einem scharfen Messer abheben, sodass der Spargel noch immer grün war. Man kann ihn also nicht einfach schälen, denn dann wird der Spargel ja weiß. Allein das ist schon einmal ein Scheißaufwand.

Dazu gibt es eine Auster, Weizengras und ein Austerngelee. Was für ein Wahnsinn. So sexy, wie nur großes Essen sein kann.

Oder das einzige Dessert, das mit dem thailändischen Sticky Rice mit Mango mithalten kann: die gefrorenen Limetten-Marshmallows mit gegrillter „Meringue". Das schaut auf den ersten Blick nach nichts aus. Aber du steckst es in den Mund und meinst, die Welt kann jetzt untergehen. Aber natürlich erst, wenn das Dessert aufgegessen ist.

Logisch, dass ich mich auch an diesen Marshmallows versucht habe.

Pascal Barbot gehört genauso in die Liste meiner Lieblingsköche wie David Thompson.

Auch Paul Pairet gehört dazu. Er hat in der ganzen Welt gearbeitet und ist derzeit in Shanghai stationiert, wo er sich die Freiheit gönnt, eine von überallher beeinflusste französische Küche zu kochen. Er hat eine so subtile Fähigkeit, seinen Gerichten genau die richtige Textur zu geben und sie genial abzuschmecken. Pairet macht zum Beispiel feine Zigarillos aus einer Himbeerzuckermasse, die aus Himbeermark und Zucker hergestellt wird. Zuckerkugeln kennen wir ja aus vielen Restaurants, und oft kommt der Zucker dabei scharf wie eine Glasscherbe auf den Tisch, was unweigerlich zu kleinen Verletzungen am Zahnfleisch führt. Paul Pairet hat das voll im Griff, wenn er seine Himbeerzuckerzigarillos

STERNEVORLAGE: ZITRONE VON PAUL PAIRET, SHANGHAI

formt und mit einem Mus aus Gänsestopfleber füllt. Das Gericht ist schlicht der Hammer.

Auch die abgeflämmte, ernsthaft verbrannte Aubergine, die er mit einem Joghurt mit Tahini, der weißen Sesampaste, kombiniert und einer knusprigen Sehne vom Kalb, ist mutig und großartig.

Und obwohl ich nicht so wahnsinnig auf Desserts abfahre: Die gefüllte Zitrone ist eine Speise, die einen Mann zum Weinen bringt. Ihre Hülle ist hauchdünn, und der Hohlraum wird mit Zitronencreme, einem Sorbet und den Filets von Zitrusfrüchten gefüllt.

Übrigens ein Gericht, das Christian Jürgens ebenfalls gut gefallen hat. Er hatte es auch auf der Karte, inklusive dem luftigen Sablé-stäbchen, das auf die Zitrone gelegt wird.

Je länger ich über die besten Köche nachdenke, denen ich begegnet bin, desto mehr merke ich, wie gefährlich das Terrain ist, auf das ich mich vorgewagt habe. Denn natürlich gehört Heinz Reitbauer dazu, der im „Steirereck" seit Jahren auf Dreisterne-niveau kocht, was nur der *Michelin* noch nicht mitbekommen hat. Natürlich gehört auch Klaus Erfort dazu, mit dem ich in meiner letzten Saison im „Hangar-7" zusammenarbeiten durfte und dem der Brückenschlag zwischen französischer Klassik und irisierender Modernität so gut gelingt wie kaum einem anderen. Und es gibt noch viele, bei denen ich mich für ihr Fehlen augenblicklich in angemessener Form entschuldige.

Wenn mich aber jemand nicht nach den besten Köchen fragt, sondern danach, welches Lokal mir am liebsten selbst eingefallen wäre, dann muss ich weit abschweifen: in eine Welt, wo Sterne, Hauben und andere Nichtigkeiten überhaupt keine Rolle spielen. Mein Sehnsuchtslokal heißt „Yardbird". Es ist ein hübsches Lokal in Hongkong Central, wo ausschließlich Gerichte vom Huhn serviert werden. Yakitori von sämtlichen Teilen des Huhns, dazu gute Gemüsebeilagen und eine fantastische Sake-Karte. Fertig.

Das Glück kann auch ganz einfach daherkommen.

SAUTIERTER BABYOKTOPUS MIT ZWIEBELRAGOUT UND PEDRO XIMÉNEZ

Von Xavier Pellicer

BABYOKTOPUS
*320 g küchenfertiger Babyoktopus
etwas Traubenkernöl
zum Anbraten
Salz
frisch gemahlener
schwarzer Pfeffer
1 TL Schnittlauchröllchen*

ZWIEBELRAGOUT
*300 g weiße Zwiebeln,
in Spalten geschnitten
2 EL Butter
500 ml weißer Sherry
(Pedro Ximénez)
Salz
frisch gemahlener
schwarzer Pfeffer*

ANRICHTEN
*80 g gepalte Saubohnenkerne,
in Butter sautiert
einige sehr feine
Frühlingszwiebelringe
(nur das Hellgrüne)*

BABYOKTOPUS
Den Babyoktopus in dem heißen Traubenkernöl kurz und scharf anbraten. Mit Salz und Pfeffer würzen und mit den Schnittlauchröllchen bestreuen.

ZWIEBELRAGOUT
Die Zwiebelspalten in der Butter glasig schwitzen. Mit dem Sherry ablöschen und die Flüssigkeit reduzieren, bis das Zwiebelragout eine zähe Konsistenz hat. Mit Salz und Pfeffer abschmecken.

ANRICHTEN
Den Oktopus und das Zwiebelragout in vier tiefe Teller geben. Mit den Saubohnen und den Frühlingszwiebeln dekorieren.

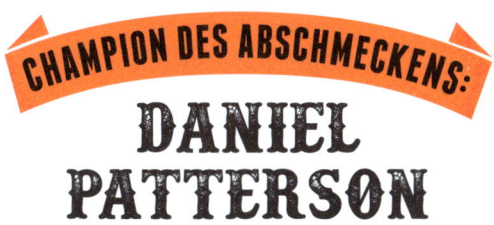

DANIEL PATTERSON

Wenn ich über die genialsten Köche nachdenke, mit denen ich zusammenarbeiten durfte, komme ich immer wieder auf Daniel Patterson. Kein Gastkoch hat mir so viel Leid zugefügt wie er. Schon als wir uns zum ersten Mal trafen, ließ er mich ewig lang warten und entschuldigte sich nicht einmal dafür, dass er zu spät dran war (für mich, nur zum besseren Verständnis, ist Pünktlichkeit nicht nur ein Zeichen von Höflichkeit, sondern absolute Selbstverständlichkeit; ich bin, das kann ich sagen, noch nie irgendwo zu spät gekommen). Er war arrogant. Er wollte immer das letzte Wort behalten. Mir kam vor, als wäre er immer irgendwo anders.

Aber sein Essen war der Wahnsinn. Ich habe kaum jemals so gut gegessen wie bei Daniel Patterson im „Coi" in San Francisco.

Gemäß meiner Theorie, dass auch gutes Essen die Summe aller energetischen Einflüsse ist, die vom Produkt über die Zubereitung bis zur Präsentation wirken, dürfte das Essen also gar nicht so gut sein. Aber Daniel hat eben nicht nur die anstrengende Seite. Er kann von einer Sekunde auf die nächste der beste Kumpel sein, mit dem du irgendwo an einer Bar stehst und Cocktails trinkst.

Aber als ich nach meinem Besuch in San Francisco wieder zurück nach Salzburg reiste, hatte ich nicht die geringste Ahnung, wie wir den Monat mit Daniel auf die Reihe kriegen würden. Er hatte bloß gesagt, dass er im Winter nicht sagen könne, was er im Sommer kocht, und ich hatte keinerlei brauchbare Informationen im Gepäck, die mir das Gefühl vermittelt hätten, dass wir die Sache schon auf die Reihe kriegen.

Er sagte immer: „Es verändert sich bei mir immer wieder alles. Und welche Lebensmittel ich brauche, weiß ich auch noch nicht."

Darauf ich: „Ja, das verstehe ich. Da bin ich absolut deiner Meinung. Aber wenn du Flusskrebse machst, dann machen wir halt Flusskrebse. Und wenn du sie jetzt mit Knollensellerie machst, dann machen wir sie im Juni eben mit weißen Spargeln."

„Um Gottes willen", sagte er. „Nein, nein, nein. Das kann ich überhaupt nicht. Das geht nicht!" Er versprach, mir Rezepte zu schicken. Aber ich wusste, dass ich da lange darauf warten würde. Wenn sein Essen nicht so grandios gewesen wäre, hätte ich ihn am liebsten rausgeschmissen. Denn die Ungewissheit, wie ich mit Daniel zurechtkommen würde, ist mir sage und schreibe fünf Monate lang im Magen gelegen. Schwer im Magen gelegen.

Das liegt an der speziellen Emotionslage der „Hangar-7"-Küche. Normalerweise muss der Gastronom zuerst den Gast glücklich machen und dann sich selbst. Ich musste zuerst den Gast glücklich machen, dann den Gastkoch und ganz am Schluss mich selbst. Den Gastkoch konnte ich aber nur dann glücklich machen, wenn er das zuließ – indem er mich mit den richtigen Informationen fütterte.

Daniel Patterson ist der absolute Champion des Abschmeckens. Ein komplett Wahnsinniger. Kein anderer Koch ist je so an die Grenzen des Geschmacks gegangen – und darüber hinaus. Seine wesentlichen Komponenten dafür sind Säure und Salz. An diesen

ZUSPITZUNG: KEIN KOCH SCHMECKT BESSER AB ALS DANIEL PATTERSON, SAN FRANCISCO.

Komponenten entlang hangelt er sich in Regionen, vor denen alle anderen Köche, die ich kenne, zurückschrecken.

Ich habe erst wenige Tage vor der Ankunft von Daniel Patterson in Salzburg das Menü und die Rezepte bekommen. Ich habe ihn dafür gehasst. Für die Gerichte habe ich ihn geliebt. Und als ich diesen notorisch unzufriedenen, diesen zweifelnden, grübelnden Menschen nach den ersten beiden Tagen im „Hangar-7" frage, ob er glücklich ist, schaut er mich lange an und sagt: „Damit ich dir darauf eine Antwort geben kann, musst du Glück schon ein bisschen genauer definieren."

„Hey, Daniel", habe ich gesagt. „Ich möchte nicht dein Psychiater sein. Ich will nur wissen, ob du mit der Leistung meiner Mannschaft zufrieden bist."

„Warte", hat er gesagt. „Ich muss dir das ein bisschen erklären. In meinem Restaurant in San Francisco habe ich 60 Plätze, und wir kochen pro Gast ungefähr zehn Gerichte. Das sind insgesamt 600 Teller, die wir aus der Küche schicken. Und wenn ich mit vier davon glücklich bin, dann ist es ein guter Abend."

Dann habe ich Daniel auch schon wieder geliebt. Und ich dachte mir: Mann, wie schwer kann man sich das Leben bloß machen. Denn wenn ich weiß, dass ich als Hochspringer maximal zwei Meter hoch springe, dann hat es keinen Sinn, die Latte immer auf drei Meter zu legen.

Damit ist Daniel vielleicht am besten charakterisiert: Er ist der schrägste Vogel unter den Spitzenköchen der Welt, der beste Abschmecker und ein cooler, an sich selbst verzweifelnder Typ. Man sollte keinesfalls darauf verzichten, einmal bei ihm zu essen.

GEFRORENE LIMETTEN-MARSHMALLOWS, GEGRILLTE »MERINGUE«

Von Daniel Patterson

MARSHMALLOW-GRUNDMASSE

500 g Zucker
325 g Wasser
52,5 g Glukosesirup
52,5 g Invertzuckersirup
37,5 g Blattgelatine
1 Tropfen Ingweressenzöl

GEFRORENE MARSHMALLOWS

250 g frisch gepresster Limettensaft
125 g Marshmallow-Grundmasse (siehe Teilrezept „Marshmallow-Grundmasse")
25 g Zucker

MERINGUE-MASSE

190 g Zucker
125 g Eiweiß
0,5 g Zitronensäure
1 unbehandelte Limette
1 Prise Salz

ANRICHTEN

1 Stück Kishu-Binchotan-Aktivkohle, ca. 15 cm (japanische Steineichen-Holzkohle)
einige lange, feine, unbehandelte Limettenzesten

MARSHMALLOW-GRUNDMASSE

375 g Zucker, 75 g Wasser, den Glukosesirup und den Invertzuckersirup in einem Topf auf 112 °C aufkochen. Den Topf vom Herd nehmen, mit Klarsichtfolie bedecken und beiseitestellen. Die Gelatine einige Minuten in reichlich kaltem Wasser einweichen. 125 g Zucker und 250 g Wasser in einem weiteren Topf aufkochen. Den Topf vom Herd nehmen und das Ingweressenzöl unterrühren. Die gut ausgedrückte Gelatine zugeben und auflösen. Die Gelatinemasse und die beiseitegestellte Zuckermasse in die Rührschüssel der Küchenmaschine geben und aufschlagen, bis die Masse eine Temperatur von 25 °C erreicht hat. Die Marshmallow-Grundmasse auf eine Silikonmatte geben und kühl stellen.

GEFRORENE MARSHMALLOWS

Den frisch gepressten Limettensaft, die Marshmallow-Grundmasse und den Zucker in einen Mixer geben und glatt mixen. Die Masse in einen Pacojet-Becher füllen und einige Stunden tiefkühlen, bis die Masse vollständig durchgefroren ist. Den gefrorenen Pacojet-Becher in den Pacojet setzen und pacossieren. Mit einem Löffel Nocken abstechen und anrichten.

MERINGUE-MASSE
Den Zucker, das flüssige Eiweiß und die Zitronensäure in einer Schüssel verrühren. Die Eiweißmischung auf ein warmes Wasserbad stellen und mit dem Gummispatel so lange rühren, bis die Masse eine Temperatur von 50 °C erreicht hat. Die Masse in die Rührschüssel der Küchenmaschine geben und mit dem Schneebesen schlagen, bis die Masse auf Raumtemperatur abgekühlt ist. Die Schale der Limette fein abreiben und unterrühren. Die Meringue-Masse mit einer Prise Salz abschmecken und in einen Spritzbeutel füllen.

ANRICHTEN
Die Holzkohle rechtzeitig in einem Grill in die Glut legen und gut durchglühen lassen. Je 1 Nocke gefrorene Marshmallow-Masse in die Mitte von vier tiefen Tellern setzen. Darauf die gleiche Menge Meringue-Masse spritzen. Dann das glühende Holzkohlestück mit einer langen Küchenpinzette aus der Glut nehmen, kurz auf die Meringue-Masse drücken und so die Meringue-Masse angrillen. Zum Schluss mit einigen feinen, langen Limettenzesten garnieren.

DAS SCHEITERN AUF STERNENIVEAU

Meine Vorgehensweise, wenn ich Köche in den „Hangar-7" eingeladen habe, war immer die Gleiche. Ich habe ihnen zuerst einmal ein Paket geschickt, in dem sich alle Informationen über den „Hangar-7" befanden. Dazu legte ich ein, zwei Kochbücher bei, die dokumentierten, mit wem wir in den vergangenen Jahren zusammengearbeitet hatten. Und natürlich befand sich ein persönlicher Brief an den jeweiligen Küchenchef im Paket, in dem ich ihn freundlich um einen Termin bat oder um ein Telefonat, um unsere Sache persönlich vorstellen zu können.

So begannen schöne Beziehungen, Beziehungen, die von gegenseitigem Respekt geprägt waren. Die meisten Köche, die ich auf diese Weise ansprach, meldeten sich schnell und unkompliziert. Viele von ihnen sagten Ja. Manche sagten Nein, aus allen möglichen Gründen – es stand mir nie zu, das Nein eines Küchenchefs zu hinterfragen, und ich hatte auch gar keine Veranlassung dazu. Ein paar Köche allerdings gaben gar keine Antwort, vermutlich waren sie der Meinung, dass keine Antwort auch eine Antwort ist. Auch wenn Köche ihr Handwerk noch so gut beherrschen: So eine Form von Missachtung (oder Chaos oder Unorganisiertheit, ich weiß es ja nicht) macht es mir schwer, für sie den nötigen Respekt zu empfinden.

Das ist mein großes Thema: Respekt. Ich kann jeden Spleen jedes Kochs respektieren. Wenn er findet, dass seine Rezepte ein großes Geheimnis bleiben müssen – okay. Wenn er jeden Abend in seiner Küche stehen möchte und keine Zeit hat, auswärts aufzutreten – kein Problem. Wenn er das Konzept des „Hangar-7" bescheuert findet und seinen Namen nicht damit in Verbindung sehen will – akzeptiert.

Aber Einladungen wortlos in den Wind zu schlagen empfinde ich einfach als respektlos.

Allerdings habe ich Respektlosigkeit auch auf ganz andere Weise erlebt. Das erste Mal in einem traditionellen, altmodischen Dreisternhaus, in dem sogar Eckart Witzigmann einmal gearbeitet hat. Ich fand es schön, dass meine Anfrage positiv beantwortet wurde und ich den Patron kennenlernen durfte.

Der Patron war bereits ein älterer Herr, und die Geschäfte hatte inzwischen sein Sohn übernommen. Ich lernte den alten Herrn als unglaublich charmant und zugänglich kennen, aber er hatte einfach keine Energie mehr, um mir den ganzen Laden zu zeigen und mir die Gerichte vorzustellen, die wir gemeinsam in Salzburg kochen würden. Das war Angelegenheit seines Nachfolgers.

Nun war es für mich notwendig, bei meinem Aufenthalt im Stammhaus des Gastkochs möglichst viele Informationen zu sammeln. Ich aß in der Regel das ganze Menü, sammelte die Rezepte ein, besprach, wo man am besten die Produkte einkaufen kann, machte Fotos vom fertigen Gericht und von den Zubereitungstechniken. Wenn mein Ordner, auf dem außen der Name des Gastkochs stand, auf der Heimreise prall gefüllt war, dann fühlte ich mich wohl. War der Ordner leer, hatte ich Schnappatmung, denn dann wusste ich, dass es Probleme geben würde.

Um den Ordner zu füllen, brauchte ich natürlich den Gastkoch. Je mehr Zeit er mir widmen konnte, desto besser. Es gibt unendlich viele Fragen, und je ausführlicher wir sie zu diesem Zeitpunkt erörtern können, desto einfacher wird eine gute Performance im „Hangar-7".

Aber mein Ansprechpartner war nicht greifbar. Als ich ihn dann irgendwo im Haus traf und sagte, dass wir seit Stunden verabredet seien, sagte er: „Ach. Du bist ja auch da. Stimmt. Da haben wir jetzt gar nicht dran gedacht. Kannst du vielleicht heute Nachmittag kommen? Dann reden wir mal!"

Am Nachmittag passte es aber auch nicht gut: „Jetzt habe ich gerade so einen Stress. Ich habe ein Meeting vergessen. Ist es dir recht, wenn du morgen früh kommst? Hast du inzwischen etwas anderes zu tun?"

Das war das erste Mal, dass ich mich zusammenreißen musste. Denn ich konnte ja nicht gleich anstrengend werden und schlechte Stimmung machen, weil mit schlechter Stimmung alles noch schwieriger wird. Aber es fiel mir nicht leicht. Denn am nächsten Tag passte es wieder nicht gut: „Heute Mittag sind wir gesteckt voll, ich kann nicht." Dann durfte ich zu Mittag essen, aber die Arbeit wurde auf den Nachmittag verschoben. Um halb drei saßen wir endlich zusammen, und ich war froh, dass es losging, da sagte der junge Mann: „Ich muss übrigens um zehn vor drei weg, weil ich Squash spielen gehe."

In diesem Moment habe ich entschieden, mit dem nächsten Flieger abzureisen und mich rasch um Ersatz für den Squash spielenden Dreisterner zu bemühen. Nur falls jemand fragt, warum dieses Haus nie zu Gast im „Hangar-7" war.

BALI UND SEINE GEISTER

Ich habe den größten Respekt vor Menschen wie David Thompson, Yoshii Ryuichi oder Heinz von Holzen. Sie sind aus England, Japan oder der Schweiz nach Thailand, Australien oder Bali gegangen, um dort die Wurzeln der kulinarischen Kulturen freizulegen und auf der Basis alter Traditionen etwas ganz Neues zu entwickeln. Von David Thompson habe ich schon geschwärmt, Yoshii Ryuichis Sushi, die ich in Sydney gegessen habe, waren die genialsten, die ich je irgendwo bekommen habe, und mit Heinz von Holzen verbindet mich eine geradezu magische Geschichte.

Heinz von Holzen ist ein Läufer. Er joggt total fanatisch, auch hundertzwanzig Kilometer ohne Pause, wenn es drauf ankommt. Ein kompletter Freak.

Als ich nach einem ewig langen Flug in Bali ankam und er mich vom Flughafen abholte, sagte ich unvorsichtig: „Jetzt wäre es schön, eine Runde laufen zu gehen."

„Ah", sagte Heinz. „Ein Bruder."

Dann gingen wir laufen. Nach einer Dreiviertelstunde dachte ich, dass ich eine zweite Runde mit Heinz schlicht nicht überlebe. Ich bin fast abgekratzt.

Wir sind in den „Bumbu Bali", sein Restaurant. Heinz hat sich viel Zeit genommen. Sein Essen ist fantastisch. Die Gewürze. Die Erdnussgeschichten. Dazu hat er mir gezeigt, wie man Hühner hypnotisiert: Er nimmt das Huhn, fährt mit dem Finger vom Kinn des Huhns ganz sanft über den Hals bis runter bis zum Bauch – und das Huhn schläft sofort ein. Es liegt dann da, als wäre es tot. Das wildeste Huhn, das vorher getanzt und mit den Flügeln geschlagen hat, liegt innerhalb von zehn Sekunden da und schläft.

Als Heinz in Salzburg war, haben wir das Hypnotisieren des Huhns für die Kameras nachstellen wollen. Heinz hat das Huhn auf dem Geländer einer Brücke gestreichelt, es ist augenblicklich eingeschlafen – und, während alle noch ganz ergriffen von der Kunst des Hypnotisierens waren, vom Brückengeländer in den Bach gefallen. Dort, im kalten Wasser, hat das Huhn ein Herzinfarkt ereilt – sorry, liebe Tierschützer, aber immerhin haben wir dem Tier nicht den Kopf abgehackt.

Als ich in Bali war, war gerade Nyepi. Das ist der „Tag der Stille", ein hinduistischer Feiertag, an dem es kein öffentliches Leben gibt. Jeder bleibt zu Hause, kein Licht wird eingeschaltet, weil an diesem Tag Geister über die Welt fliegen, und nur wenn niemand zu sehen ist, fliegen sie weiter. Die strenge Einhaltung der Regeln soll garantieren, dass zwischen den Göttern, den Menschen und der Natur das richtige Gleichgewicht hergestellt wird.

Diesen heiligen Tag habe ich in der Gesellschaft von Heinz verbracht. **SEITHER VERBINDET UNS AUCH ETWAS WIRKLICH MAGISCHES.**

MEXIKO UND SEINE UNMÖGLICHKEITEN

Es gibt Küchen, die außerhalb ihres Landes besonders schwer umzusetzen sind. Dafür gibt es verschiedene Gründe. Entweder weil die Performance wie in der Nordic Cuisine so perfekt ist, dass sie anderswo total abkackt. Oder weil du die Produkte einfach nicht in der nötigen Qualität bekommst.

Du brauchst zum Beispiel unbedingt die Produkte aus Mexiko, um die mexikanische Küche annähernd so zu kochen, wie sie im Land gekocht wird. Natürlich bekommst du bei uns einen Chili und eine Limette, und du bekommst auch Mais – aber du bekommst nicht den mexikanischen Mais.

Denn nur auf mexikanischem Boden wachsen die Chili und der Mais so, dass du von ihrem Geschmack überwältigt wirst.

Enrique Olvera aus Mexiko City hat für ein Gericht ein „Heiliges Blatt", eine Hoja Santa, verwendet. Diese Hoja Santa bekomme ich in Europa nicht. Und deren Geschmack ist der Wahnsinn, ohne die kannst du das Gericht gleich in die Tonne treten. Vielleicht treibe ich jetzt mit viel Aufwand eine getrocknete Hoja Santa auf – aber das hat mit dem Geschmack der frischen überhaupt nichts zu tun. Selbst wenn ich sie anpflanzen und in meinem Garten ernten würde, wäre der Geschmack ein Abklatsch von dem, den ich in Mexiko erlebt habe. Ich kann das Gericht also beim besten Willen nicht nachkochen.

Und das betrifft nun nicht nur die Hoja Santa. Das ist beim Maíz Morado, dem dunklen mexikanischen Mais, das Gleiche. Oder beim Cuitlacoche, von einem speziellen Pilz befallenen Maiskörnern – du bekommst bei uns keinen Cuitlacoche. Du bekommst einen aus der Dose, aber der schmeckt natürlich nicht so wie der Cuitlacoche, den ich in Mexiko gekostet habe. Die mexikanische Küche ist wirklich komisch. Mir fällt keine andere Küche ein, die außerhalb des Landes so schwierig umzusetzen ist wie die mexikanische.

Dabei finde ich Mexiko faszinierend. Wie man in Mexiko dem Tod entgegenschaut. Was die Fiesta de la Muerte für ein freudiges Fest ist. Auch die ganze Geisteraustreibung und der Voodoo-Kult sind faszinierend. Ich habe auf dem Mercado Sonora einmal eine Geisteraustreibung vornehmen lassen – an mir selbst. Die Geisteraustreiberin hat irgendwelche Kräuterbüschel gebunden und mich langsam damit ausgepeitscht. Dann hat sie eine Zigarre genommen und mich mit ihrem Qualm eingeräuchert. Und dann nahm sie irgendeinen Cachaça oder Tequila in den Mund und schaute mir in die Augen, und ich dachte noch: Nein, bitte nicht! Aber da spuckte sie mir das Ganze schon ins Genick. Der Schnaps und der Speichel rannen mir den Rücken hinunter. Dann nahm sie noch einen Schluck aus der heiligen Flasche, baute sich direkt vor mir auf, deckte mir mit ihrer Hand die Augen ab und spuckte mir den Schnaps voll ins Gesicht. Anschließend nahm sie ein Ei und massierte mich damit. Weil man am Inhalt des Eis nämlich erkennt, ob jemand von bösen Geistern besessen ist. Sind böse Geister vorhanden, ist das Ei innen schwarz. Sind die bösen Geister vertrieben, ist das Ei weiß und gelb.

Als sie das Ei aufschlug, war es überraschenderweise weiß und gelb. Aber ich stank nach Schnaps wie ein Saufbruder. Die letzten bösen Geister musste ich also unter der Dusche vertreiben. Und nachher beim Essen. Denn ich liebe das mexikanische Essen – solange es in Mexiko serviert wird.

HEIMATKÜCHE: SO GUT WIE IN MEXIKO SCHMECKT ES NUR IN MEXIKO.

WARUM WIR IN EUROPA KEINE SUSHI ODER DIM SUM ZUBEREITEN KÖNNEN

Wir Europäer lieben es, Sushi zu essen. Aber wir können sie nicht zubereiten – verglichen mit denen, die man in Japan bekommt (oder in Sydney bei Yoshii Ryuichi – aber das ist ein Spezialfall). Dasselbe gilt für die Dim Sum, die man in Shanghai oder in Hongkong bekommt. Oft kopiert, nie erreicht.

Das hat zwei wesentliche Gründe. Beginnen wir beim Produkt. Was den Fisch betrifft, ist Japan mit seinem Produktfetischismus einfach nicht zu übertreffen. Wer jemals den Fischmarkt von Tokio gesehen hat, wird nie wieder mit einem Fisch, aus dem man Sushi oder Sashimi schneiden kann, zufrieden sein (auch wenn diese Euphorie für den japanischen Fisch mit der Katastrophe von Fukushima einen Dämpfer bekommen hat).

Doch das ist nur die eine Seite der Medaille. Denn was die japanischen Sushi und die chinesischen Dumplings so außergewöhnlich macht, ist die absolute Meisterschaft derer, die sie zubereiten. Sushimeister wird nur ein Mann, der sich zeit seines Lebens mit der Herstellung von Sushi beschäftigt. Wenn er bei einem berühmten Meister in die Lehre gegangen ist, wird er jahrelang nur damit beschäftigt gewesen sein, Reis zu kochen, bis dieser Reis den perfekten Glanz, die perfekte Temperatur und die perfekte Konsistenz hat, damit der Meister ihn überhaupt in die Hand nimmt, um seine Nigiri zu formen. Die Wissenschaft, wie man ein Messer pflegt und den Fisch richtig schneidet, ist da noch in weiter Ferne. Der Film *Jiro träumt von Sushi* gibt ein bisschen Einblick in diese Welt, ich kann ihn nur empfehlen.

Das Gleiche gilt für die Dumplings. Wer einmal in einem der göttlichen Dim-Sum-Läden Hongkongs war, hat gesehen, dass für jeden einzelnen Handgriff ein Spezialist in der winzigen Küche steht. Und die Dim Sum, die ich beim speziellen Dim-Sum-Menü im Dreisternrestaurant „Lung King Heen" gegessen habe, waren auf eine Weise atemberaubend, dass ich den Gedanken, so etwas selbst herstellen zu wollen, gleich wieder verworfen habe.

Es geht, um es pathetisch zu sagen, um die völlige Hingabe eines Kochs an seine Aufgabe, ob das jetzt der Glanz des Reises ist oder die Textur einer speziellen Dim-Sum-Tasche. Das kann in so einer Qualität nur in einer asiatischen Kultur entstehen. Denn du findest bei uns keinen Koch, der sein Leben lang nichts anderes macht als Sushi. Die Kehrseite dieses Samurai-artigen Spezialistentums ist natürlich der Lebensentwurf, der dich ein Leben lang neben dem Reiskocher sieht oder in einer dampfenden kleinen Küche, wo du den dünnsten Reisteig der Welt faltest, um zwei Krabben damit zu umhüllen, und diese Tasche in den exakt temperierten und aromatisierten Wasserdampf legst. Das hat für Menschen, die ein selbstbestimmtes, kreatives Leben führen wollen, natürlich etwas Furchtbares.

Aber es ist der Grund, warum man in Japan die mit Abstand besten Sushi der Welt bekommt, wenn es um die originalen, puristischen Rezepte geht.

Natürlich gibt es auch Variationen der reinen Lehre. Im „Zuma" und im „Roka", den Restaurants von Rainer Becker, wird das Japanische für den europäischen Gaumen perfekt umgesetzt. Zu einer großartigen Küche, wo das Originale mit einem leichten, zugänglichen Twist versehen wird, kommt auch ein genialer Lifestyle, schöne Menschen und eine perfekte Barkultur. Es gibt großartige Cocktails und dazu eine erstaunliche Auswahl an Gegrilltem und Sushi. Konzeptionell finde ich das „Zuma" und das „Roka" einen Hammer. Aber das eigentliche Sushi, das perfekte Nigiri sind nirgendwo so gut wie in Japan.

Höchstens in Sydney, wohin Yoshii Ryuichi mit seinem Restaurant „Yoshii" gezogen war. Er war unser erster japanischer Gastkoch und ist selbst ein großer Sushimeister. Nie ist mir der Geschmack eines einzelnen Nigiri länger auf dem Gaumen geblieben als bei seinen.

Das hat einerseits mit der perfekten Technik zu tun, mit der die Nigiri hergestellt werden. Und natürlich mit der Qualität des Fisches. Nichts hätte ich lieber gemacht, als meine Gäste im „Hangar-7" mit einem Sushimenü dieser Qualität konfrontiert. Aber wir mussten uns eingestehen, dass wir maximal einen Gang mit Sushi hinbekommen, doch niemals, so wie Yoshii, ein ganzes Menü. Da stießen wir an unsere Grenzen.

WARUM DIE BESTEN KÖCHE AUCH IM UMGANG AM EINFACHSTEN SIND

(UND UMGEKEHRT)

Unsere Branche ist alles, nur nicht transparent. Es werden Köche international gefeiert, die ihren Kochlöffel nicht gerade halten können, und andere, die absolute Meister ihres Fachs sind, finden keine Beachtung. Das ist eine Lehre, die ich aus meinen Jahren im „Hangar-7" gezogen habe. Sie hat wesentlich dazu beigetragen, dass ich nach elf Jahren im „Hangar-7" die Reißleine gezogen und mich neuen Aufgaben zugewandt habe.

Ein Beispiel: Als ich zum ersten Mal Marcus Samuelsson sah, hatte ich das Gefühl, einem besonders lässigen Typen zu begegnen. Er ist gebürtiger Äthiopier, aufgewachsen in Schweden. Hat einen super Style. Dass er dunkler Hautfarbe ist, übte einen zusätzlichen Reiz aus, das will ich gar nicht leugnen. Die internationale Spitzenküche ist eine Domäne europäischer und asiatischer Männer, da ist man über jede und jeden, der nicht ins Muster passt, froh.

Ich lud Marcus also in den „Hangar-7" ein. Als ich ihn aber in New York besuchte, bekam ich Zweifel. War das wirklich eine Küche, die ich einen Monat meines Lebens nachkochen wollte? Mir fehlten die Höhepunkte, mir fehlte die Spannung – schon am ersten

Tag begann ich darüber nachzudenken, wie man diese eher durchschnittlichen Gerichte mit dem einen oder anderen Handgriff etwas aufpeppen, etwas interessanter machen könnte.

Das war regelmäßig ein Knackpunkt in den „Hangar-7"-Produktionen. Halten die Menüs den prüfenden Augen meiner Brigade stand? Oder laden sie zur Verbesserung ein?

Es gab unkomplizierte Köche, die unseren Vorschlägen offen gegenüberstanden und sich manchmal sogar dafür bedankten. Andere – wie Sergio Herman, dessen Qualität jedoch so überragend und herausfordernd war, dass niemand von uns auf die Idee gekommen wäre, auch nur eine Nuance zu verändern – wachten nicht nur an den Eröffnungstagen darüber, dass jeder Teller genauso wie in ihrem eigenen Restaurant aus der Küche kam, sondern schickten sogar in der dritten Woche noch einen Bruder ins Restaurant, damit er kontrolliert, wie die Teller inzwischen aussehen. Ich bekam dann ein E-Mail von Sergio: „Roland, Respekt! Die Gerichte sehen genauso aus, wie ich es möchte. Mein Bruder war heute bei euch essen."

Das war natürlich ein Riesenkompliment. Andere Köche hätten freilich komplett veränderte Gerichte zu essen bekommen. Bei Sergio war die Herausforderung, jeden Teller richtig hinzubekommen. Bei manchen anderen ging es darum, die Gerichte so zu verändern, dass unsere verwöhnten Gäste sie nicht zurückschickten.

Bei Marcus zum Beispiel blieb uns gar nichts anderes übrig, als zu improvisieren. Zuerst geizte er mit Informationen, dann kam er erst brutal knapp aus New York an, und statt sofort zu uns in die Küche zu kommen, schlief er sich zuerst einmal aus.

Dazu muss man sagen, dass wir nur selten Schwierigkeiten mit den Allüren von Gastköchen hatten. Aber dabei galt die Regel: Die Divenhaftigkeit eines Kochs verhält sich umgekehrt proportional zu seiner Qualität. Die besten Köche, die im „Hangar-7" gastierten, waren Musterbeispiele für Verlässlichkeit und Respekt. Diese Einsicht möchte ich zur Transparenz des internationalen Kochgeschäfts beitragen.

DIE ARROGANZ DES YANNICK ALLÉNO

Vorweg: Es gibt viele coole Franzosen. Es gibt viele sehr coole Franzosen. Jean-Georges Vongerichten ist ein bescheidener, zugänglicher Überstar. Christian Delouvrier, der für Alain Ducasse das Dreisternrestaurant in New York geführt hatte, ist ein fantastischer Koch. Marc Haeberlin und Jean-Georges Klein, zwei Elsässer, sind großartig und cool zugleich. Pascal Barbot ist ein geradezu unglaublich cooler Typ, und Bertrand Grébaut vom „Septime" ist vielleicht der coolste von allen.

Aber es gibt auch eine Menge Franzosen, speziell in der Gastronomie, denen es ein echtes Anliegen zu sein scheint, das Klischee vom arroganten Franzosen mit Leben zu füllen. Zum ersten Mal habe ich das erfahren, als ich bei einem Kongress in São Paolo einen Vortrag hielt, wo sonst praktisch nur französische Köche anwesend waren, bei denen du das Gefühl bekommen hast, die ziehen jetzt miteinander in den Krieg, im Namen der Tricolore und der Gänseleber. Sie sprachen kein Wort Englisch oder Spanisch und ignorierten gleich einmal jeden, mit dem sie nicht

Französisch sprechen konnten. Und sie fanden einander gut. Sehr gut.

Ich buchte das wegen der vielen guten Erlebnisse, die ich mit genannten Kollegen aus Frankreich gemacht hatte, als Betriebsunfall ab. Aber dann lernte ich Yannick Alléno vom „Le Meurice" kennen. Ich hatte ihn angefragt, ob er als Gastkoch nach Salzburg kommt, und er hatte zugesagt.

Als ich mit meinem Souschef Martin Klein im „Le Meurice" ankam, meldeten wir uns an der Rezeption. Da gab es sofort Aufregung. „Das nächste Mal müsst Ihr unbedingt den Personaleingang nehmen", sagte der Rezeptionist streng, obwohl er sich hätte denken müssen, dass wir noch nicht wissen konnten, wo der Personaleingang überhaupt ist. Dann führte uns jemand in die Küche, stellte uns in eine Ecke, von der aus wir überhaupt nichts sehen konnten, und sagte, dass wir auf den Chef warten sollen. Ob wir uns die Hände waschen oder etwas zu trinken haben wollten, interessierte niemanden.

Wir warteten stehend eineinhalb Stunden, bis der große Meister uns empfing. Er kam zu uns in die Küchenecke und hatte gerade den Nagel seines kleinen Fingers zwischen den Zähnen, um sich irgendeinen Speiserest aus dem Gebiss zu pulen.

Das war der zweite Moment, wo ich dachte, dass wir vielleicht nicht willkommen sind.

Ich rekapitulierte alles, was ich schon in meinem Einladungsbrief geschrieben hatte: dass wir möglichst gut lernen wollen, die Gerichte des Hauses nachzukochen, dass wir nicht stören wollen, sondern nur das Feuer weitertragen …

„Dass ihr euch in der Küche umschaut, ist ein bisschen schwierig", sagte der Chef und meinte, ich soll mir alles von meinem Platz in der Ecke aus anschauen.

Auch da blieb ich noch ruhig. Aber als ich mich dann später von meiner Ecke aus langsam an die interessanten Stellen der Küche vorarbeiten wollte, redete mich jeder Commis der Küchenbrigade so schwach an wie der Chef und meinte, ich soll wieder zurück in meine Ecke.

Trotzdem habe ich gesehen, wie grandios diese Küche war. Hier wurde sensationell gekocht. Umso mehr tat es mir leid, dass es so schwierig war, einen Draht zu finden. Als ich zum Beispiel den Gardemanger sah, der gerade eine glacierte Makrele dekorierte, fragte ich ihn, wie er denn die Makrele glaciere, ein elegantes Gericht aus den Siebzigerjahren, das hier ganz modern und köstlich aussah.

Aber auch der Gardemanger behandelte mich wie einen Typen, der an der Kreuzung seine Windschutzscheibe waschen will. „Wenn du das sehen willst", sagte er, „musst du morgen um sechs in der Früh da sein. Da machen wir das. Extra für dich glaciere ich keine Makrele."

Als ich Alléno am nächsten Tag wiedersah, fragte ich ihn, ob ich wenigstens im Restaurant essen darf. Weil in der Küche durfte ich nicht einmal die Brösel probieren, die in den Müll geworfen wurden. Da musterte er mich und sagte: „Ja, schon. Aber muss das mit dieser Frisur so sein? Und hast du etwas Anständiges zum Anziehen mit? Eine Krawatte zum Beispiel?"

Jetzt komme ich natürlich aus den Bergen und habe auch das Talent, auszuschauen wie der Yeti, wenn mir danach ist. Aber wie ich mich in einem Restaurant zu kleiden habe, ist mir bekannt. Und ich kann ganz gut einschätzen, ob ich in ein Gastropub gehe oder ins „Le Meurice" in Paris. Dafür hatte ich mir auch einen Anzug und eine Krawatte eingepackt.

Und ich dachte mir: „Gut, dass ich so beherrscht bin, dir jetzt nicht ins Gesicht zu sagen, was ich von dir denke, du arroganter Arsch."

Stattdessen sagte ich ihm, dass ich mich für heute verabschiede, weil ich nämlich mit meinem Freund Gérard Depardieu zum Mittagessen verabredet sei.

Da spitzten plötzlich alle in der Küche die Ohren. Und der Chef persönlich sagte, dass ich Herrn Depardieu doch gern zum Mittagessen mitbringen solle am nächsten Tag, es wäre ihm eine Ehre.

„Aber", sagte ich, „der hat doch lange Haare und ist in Paris immer mit dem Motorrad unterwegs. Der ist doch nichts für Ihr Restaurant!"

Das hielt Yannick Alléno für einen guten Witz.

Ich traf Depardieu am Nachmittag und erzählte ihm, was ich im „Le Meurice" alles erlebt hatte. Er war nicht erfreut. Er entschuldigte sich sogar für seine Landsleute, und ich sagte ihm, dass er doch, wenn er wirklich Lust hätte, am nächsten Tag tatsächlich vorbeikommen soll. Dann könne er ihnen das gleich selbst sagen.

Als ich am nächsten Tag beim Mittagessen saß, sehr schön angezogen, und gerade eine sensationelle Vorspeise verzehrte, hörte ich plötzlich ein Rumoren in der Küche, das schnell lauter wurde und schließlich sogar die Aufmerksamkeit der anderen Gäste auf sich zog.

Dann stand plötzlich Depardieu im Lokal, breitbeinig und schwergewichtig, und komplettierte seinen Auftritt, indem er dem Kellner quer durchs Restaurant zurief, er möge ihm einen Kaffee bringen. Dann kam er an meinen Tisch, ließ sich in einen Stuhl fallen und seufzte: „So, Roland. Es ist alles erledigt! Jetzt wissen diese Hinterwäldler, dass es auch außerhalb von Paris gute Köche gibt."

Von diesem Moment an war der Chef unglaublich freundlich, die Brigade war unglaublich freundlich, und das Essen war sowieso sensationell. Es war der richtige Moment, um abzureisen und die Sache auf sich beruhen zu lassen.

DAS GROSSE FRESSEN.

EIN LUNCH IM »ARPÈGE«

Wenn ich manchmal über mich sage, dass ich „ein guter Esser" bin, dann untertreibe ich. Ich habe immer Appetit. Ich liebe es, nicht nur gut, sondern auch viel zu essen. Wenn ich mit Freunden an einem Tisch sitze, an dem im Family Style serviert wird, ein Teller für alle in die Mitte, dann bemitleide ich alle, die mit mir am Tisch sitzen. Sie haben schon verloren. Ich esse nämlich nicht nur viel, sondern auch schnell.

Aber es gibt Methoden, sogar mir das Maul zu stopfen. Alain Passard im „Arpège" hat das fast geschafft, und zwar mit diesem Menü, das ich gemeinsam mit Klaus Erfort und dem Käsehändler Bernard Antony einnahm. Zum Mittagessen, wohlgemerkt.

Es ging los mit einem Gruß aus der Küche, drei verschiedenen Chips, schön kross, mit verschiedenen Gemüsen. Ein veganes Welcome. Passard ist ja berühmt für seine Gemüseküche. Dann kam ein Sashimi von der Jakobsmuschel mit einem Curryöl und Radieschen. Anschließend gab es eine Kürbiscremesuppe mit Sahne, was vielleicht ein bisschen banal klingt, aber wahnsinnig elegant war. Dann

kam ein Stück Hirn in einer Kräuterkruste mit einem Rosinen-Kapern-Sud, anschließend vier vegetarische Tortellini, jedes von der Größe eines gekochten Eis, in einer Consommé. Dann kam das Ei selbst, gefüllt mit einem Gänseleberparfait.

Gerade als ich dachte: Okay, damit sind die Vorspeisen ja vielleicht abgehakt, wurde der halbe Hummer aufgetragen. Für jeden ein halber Hummer, mit Navetten. Dann ein Steinbutt mit gedünstetem Kohl, Püree und einer sensationellen Sauce. Anschließend gab es noch einmal eine Jakobsmuschel, diesmal gegrillt, mit Sauerampfer. Dann kamen verschiedene Wurzelgemüse mit einem Couscous. Und dann, um ein bisschen Wärme nachzuliefern, ein Kräutersüppchen mit Langostinos.

Erste Hauptspeise war ein Stück vom Schwein, das vom Bauch bis zum Rücken durchgeschnitten war und sämtliche Geschmäcke und Texturen des Tiers präsentierte. Nicht unbedingt schön anzuschauen, aber grandios. Dazu Äpfel und Kartoffeln.

Dann die Taube mit Rotweinsauce, anschließend ein Münster mit Kartoffeln als Sättigungsbeilage. Jetzt kam allerdings schon der Käsewagen, dem wir reichlich zusprachen. Als dann ein Tablett voll Petits fours serviert wurde, hatte ich schon Angst, dass das Menü abrupt zu Ende gehen könnte.

Aber zum Dessert schickte uns Passard noch seine berühmte Millefeuille, und danach kam noch eine Apfeltarte mit einer Walnusssauce. Wenn ich nicht gewusst hätte, dass Mr. Antony gut mit Alain Passard befreundet ist, hätte ich vermutet, dass er uns umbringen will.

Ich habe alles aufgegessen, ich schwöre. Meine beiden Kumpane auch. Dann war es sechs Uhr abends, und wir mussten uns langsam ein bisschen sputen, denn wir hatten um sieben bei Ducasse bestellt. Einer von uns gab auf, ich sage natürlich nicht, wer es war.

Nur so viel: Ich war es nicht. **ICH BIN NÄMLICH EIN WIRKLICH GUTER ESSER.**

PLAGIATE.
WENN SPITZENKÖCHE IDEEN KLAUEN

Die Spitzenküche ist ein Schlachtfeld der Ideen. Ein guter Koch braucht Einfälle, sie sind sein Kapital. Worin diese Einfälle bestehen, wie sie sich ausprägen, wie sie umgesetzt werden, entscheidet darüber, ob eine Küche als gut und solide gilt – oder als spitzenmäßig und kreativ.

Ich hatte im „Hangar-7" viele kreative Köche zu Gast. Die Fülle an Einfällen, denen ich zwischen San Francisco und Sydney, zwischen Baiersbronn und Singapur begegnet bin, ist Legende. Unser Restaurant im „Hangar-7" war ein Marktplatz der kulinarischen Ideen. Das hat einerseits Bewunderer angezogen, die zu uns kamen, um den unglaublichen Reichtum an Ideen zu genießen – aber auch Kollegen, die sich von einem Besuch im Hangar Impulse für die eigene Arbeit versprochen haben.

Damit nähern wir uns aber einer entscheidenden Frage: Wie stark darf ich mich als Koch von einem anderen Koch beeinflussen lassen? Wie lange ist das spektakuläre Gericht eines Kollegen eine Inspiration für mich? Und wo beginnt die Inspiration zum Plagiat zu werden?

Ich muss an dieser Stelle einen berühmten Kollegen vor den Vorhang holen, dessen Neugier auf kulinarische Attraktionen so groß war, dass ich ihm im „Hangar-7" Hausverbot erteilte. Es handelt sich um einen Koch, dessen Restaurant inzwischen mit drei Sternen ausgezeichnet ist. Auf seiner Karte finden sich mehrere Gerichte, für die er sich von anderen Köchen, sagen wir, inspirieren ließ: von internationalen Spitzenköchen, die meine Gastköche gewesen waren.

Besagter Küchenchef war selbst einmal Gastkoch im „Hangar-7". Er hat mir sogar aus einer Patsche geholfen, weil ein anderer Gastkoch, der zuerst zugesagt hatte, plötzlich wieder absagte, und er sprang für ihn ein. Er ist ein charmanter Mann, und ich war ihm zu Dank verpflichtet. Er kam dann auch häufiger zum Essen, und es begannen sich ein paar Dinge zu häufen. Zuerst tauchte er immer wieder bei uns auf, um sich ganz genau anzuschauen, was für Ideen die Gastköche diesmal mitgebracht hatten. Das war natürlich absolut okay.

Aber dann bekamen einzelne Kollegen meines Teams Anrufe von diesem Chef, wie man denn das eine oder andere Gericht genau zubereite, was für Techniken dafür notwendig sind etcetera. Mein damaliger Küchenchef Martin Klein, der den „Hangar-7" jetzt leitet, kannte besagten Chef persönlich. Andere Mitarbeiter wurden in dessen Restaurant zum Essen eingeladen, da ergab dann auch ein Wort das andere.

Und dann kam ein Menü unseres Mannes heraus, auf dem ein Gericht stand, das einem Signaturgericht eines asiatischen Kochs zum Verwechseln ähnlich sah. Und mich fragte dieser Koch natürlich, wie es sein kann, dass ein Dessert, das seinem Superdessert gleicht wie ein Ei dem anderen, plötzlich auf der Website des besagten Dreisternrestaurants zu sehen ist.

Fast noch mehr geärgert habe ich mich aber, als wenig später ein *Michelin*-Inspektor bei uns war und mir beiläufig erzählt hat, dass er bei unserem Mann großartig gegessen habe. Und das beste Gericht sei, dreimal darf man raten, besagtes Dessert gewesen.

Ich habe den Inspektor dann gefragt, ob ein *Michelin*-Tester eigentlich manchmal das Land verlässt, in dem er testet. Denn ich hätte mir eigentlich vorgestellt, dass ich nicht der Einzige bin, dem dieser „Zufall" auffällt.

Der Kollege hat trotzdem seine drei Sterne bekommen, und ich mag sie ihm auch irgendwie gönnen. Denn er ist ja ein fantastischer Koch. Gleichzeitig frage ich mich natürlich, warum ein so guter Koch es nötig hat, Gerichte anderer Köche als seine eigenen auszugeben.

Keine Frage, dass sich jeder Koch Inspirationen holt, manchmal auch mehr als das. Ich selbst habe auch einmal ein Gericht auf die Karte gesetzt, das eins zu eins von Juan Amador stammte: ein Beurre-Blanc-Eis mit Kaviar. Oder die Rote-Bete-Knödel vom „Patscheiderhof" in Südtirol. Aber ich schreibe dann den Urheber des Gerichts auf die Karte und lasse die Kellner im Service dazusagen, von wo der Küchenchef im konkreten Fall seine Anregung bezogen hat.

Den Dreisternkollegen aber habe ich mit Hausverbot belegt, weil mir sein Vorgehen unverschämt vorkam. Ich habe ihn auch persönlich auf die Plagiatsfälle angesprochen. Aber er hat alles abgestritten und mir damit gedroht, dass er mich wegen übler Nachrede verklagen möchte.

Freilich war dieser Herr nicht der einzige Plagiator, der mir während meiner Zeit im „Hangar-7" untergekommen ist. Ein anderes Mal, als ich gerade das Kochbuch *Kulinarische Überflieger* fotografierte, bereitete ich ein Dessert eines total netten Kollegen aus der Nachbarschaft zu, das mit verschiedenen Milchprodukten und Beeren serviert wird. Dieses Dessert hatten wir gerade einen Monat lang im „Hangar-7" gekocht.

Am selben Tag fiel mir aber eine Broschüre einer Vereinigung junger Köche in die Hände, und ich schaute sie ohne Argwohn durch. Plötzlich sah ich das komplett identische Gericht, genau so, wie wir es gerade fotografiert hatten. Ich dachte: Was geht denn da ab? Spinne ich, oder was? Einer muss das Dessert eins zu eins kopiert haben. Ich habe meinen Gastkoch sofort angerufen, und er hat zuerst ein bisschen herumgetan, dass er auch nicht mehr genau weiß, von wo er die Idee hatte.

Ich habe das Gericht dann trotzdem als sein Dessert ins Buch genommen. Aber ich habe darunter geschrieben: Inspiriert von …

Damit musste er leben. Ich habe ihn auch gar nicht mehr nach seiner Meinung gefragt. Das Ganze war schon peinlich genug.

Keine Ahnung, warum du dir so eine Blöße gibst. Zumal es ja heutzutage unvermeidlich ist, dass dir jemand auf die Schliche kommt. Schließlich kursieren die Bilder von jedem Gericht eines besseren Restaurants selbstverständlich im Internet.

Aber es kann auch umgekehrt gehen. Einmal bin ich selbst eines Plagiats beschuldigt worden, vor laufender Kamera. Bei einem Event für Eckart Witzigmann im „Hangar-7" hatten mein Team und ich einzelne Stationen aufgebaut, wo es die verschiedenen Speisen gab, und ich stand dort, wo das Dessert rausgeschickt wurde: ein Mohnschmarren mit Mango und Sauerrahmeis. Ich stand ganz vorn und stach Nocken aus dem Sauerrahmeis. Zwei Fernsehkameras waren da und hielten auf mich, als Johanna Maier um die Ecke kam, sich neben mich stellte und sagte: „Gell, Roland, das ist ein Johanna-Maier-Rezept, das Sauerrahmeis!?"

Es war natürlich kein Johanna-Maier-Rezept, und ich dachte mir zuerst, sie macht einen Witz. Aber sie ging einfach nicht mehr weg, die Kameras waren noch immer im Anschlag, und lachte zuerst in die Kamera und dann mich an und sagte: „Gell, so ehrlich müssen wir schon sein!"

Mir war die Situation unglaublich peinlich, weil sich Frau Maier ohne Not so in den Vordergrund schieben musste. Also sagte ich um des lieben Friedens willen: „Ja, das ist ein Johanna-Maier-Rezept." Aber sie ging noch immer nicht weg.

„Gell", sagte sie dann, „ich kann auch so nette Nockerl stechen wie du!" Und sie blieb bei mir stehen, bis die Kameras ein neues Ziel gefunden hatten. Erst dann ließ sie mich mit meinem Sauerrahmeis endlich allein, das natürlich nie ihres war.

Man kann das Aufdringlichkeit nennen, Profilneurose – oder auch ein gekonntes Spiel mit der Aufmerksamkeit. Ein Plagiat aber war es ganz bestimmt keines.

Die Quelle des echten Plagiats ist in der Regel das Internet. Jeder sieht alles. Und manche kommen dann auf die Idee, dass es einfacher ist, sich einer fremden Idee zu bedienen, als selbst eine zu haben. Wenn du so viel in der Welt herumfährst, begegnest du immer wieder Gerichten, die du so ähnlich ein paar Tausend Kilometer entfernt schon gegessen hast. Oder du siehst, dass der Koch sich die Zubereitungsmethoden, die ein anderer Koch entwickelt hat, zu eigen gemacht hat.

Gerichte, deren Urheberschaft man auf den ersten Blick zuordnen kann, sind selten, dafür großartig. Ich finde es fantastisch, mit welcher Konsequenz sich Köche wie Grant Achatz oder Sergio Herman einen Stil erarbeitet haben, der mühelos als der ihre erkannt werden kann.

Damit sind wir beim Kern der Sache: **ALLES EINE STILFRAGE**.

GEFÜLLTE TOMATE MIT AVOCADOSAUCE UND BRETONISCHEM HUMMER

Von Dani García

ZUTATEN
1 Hummer von ca. 600 g

TOMATENMOUSSE
4 Stück große Tomaten
1/2 Stück grüne Paprika
1/2 Stück rote Paprika
1/2 Stück weiße Zwiebel
15 g Eiweißpulver
Salz
Sherryessig
4 Blatt Gelatine
100 ml Olivenöl

TOMATENGELEE
1/4 l Tomatenwasser
1/4 l Wasser
35 g Gelatine „Vegetal" (Pulver)
1 Msp. Rubinpulver
1 Msp. Goldpulver

AVOCADOSAUCE
250 ml Tomatenwasser
1 Avocado
1 Msp. gehackter Ingwer
5 Blätter Basilikum
Salz
Pfeffer
Olivenöl

ANRICHTEN
Essblüten
Kerbel

TOMATENGELEE
Tomatenwasser und Wasser aufkochen, Gelatine „Vegetal", Rubin- und Goldpulver einrühren. Wenn man die Tomaten eintaucht, muss die Flüssigkeit eine Temperatur von mindestens 70 °C haben.

TOMATENMOUSSE
Alle Gemüse klein schneiden und durch den Entsafter pressen. Den Saft erwärmen, und in eine Hälfte der Masse die eingeweichten Gelatineblätter einrühren. In die andere Hälfte der abgekühlten Masse wird das Eiweißpulver eingerührt. Beide Massen vermengen und mit Salz und Sherryessig abschmecken. Sobald die Masse angezogen hat, in einer Rührmaschine aufschlagen und 100 ml Olivenöl einmontieren. Die fertige Tomatenmousse zu Kugeln in der Größe von Tomaten formen, fest in Klarsichtfolie einwickeln und in flüssigem Stickstoff anfrieren. Danach im Gefrierschrank durchfrieren lassen. Die Kugeln von der Folie befreien, auf einen Holzspieß stecken und in die 70 °C heiße Tomaten-Vegetal-Masse tauchen. Oben auf das Grün 1 Kirschtomate platzieren. Danach im Kühlschrank für 1 Stunde kalt stellen.

AVOCADOSAUCE
Alle Zutaten aufmixen und durch ein feines Sieb passieren. Mit Salz und Pfeffer abschmecken.

HUMMER
Den Hummer in kochendes Salzwasser geben und 4 Minuten auf kleiner Hitze ziehen lassen. Dann in Eiswasser abschrecken und den Schwanz und die Scheren vom Panzer befreien. Den Darm entfernen und in gleichmäßige Stücke schneiden.

ANRICHTEN
Die Avocadocreme auf den Tellern verteilen, die Tomate und die Hummerstücke darauf anrichten. Das Gericht mit Olivenöl beträufeln.

GASTROKRITIK UND FOODBLOGGER.
EINE KRITIK UND EIN NACHRUF

Es gab eine Zeit, als die Gastronomie von Menschen beurteilt wurde, deren Beruf es war, ein gutes von einem schlechten Essen unterscheiden zu können. Sie schrieben für Zeitungen oder gestalteten Beiträge fürs Radio. Man kannte sie, ihre Vorlieben und ihren Wirkungskreis.

Die beiden österreichischen Kritiker Christoph Wagner und Peter Breitschopf zum Beispiel machten ihrer Zunft alle Ehre. Beide waren angenehme, respektvolle Menschen, die ihre umfassende Bildung mit Witz und Kompetenz in zugängliche und für alle verständliche Texte übersetzten. Beide sind leider früh gestorben und hinterließen ein Vakuum.

Auch deutsche Kritiker wie Wolfram Siebeck oder Jürgen Dollase haben etwas geleistet, wenn ich auch im Einzelnen mit vielen ihrer Urteile nicht einverstanden war.

Siebeck ist ohne jeden Zweifel eine große Figur. Seine Kompetenz ist unbestritten, sein Witz ebenfalls. Aber ich hätte mir gewünscht, dass er so neugierig geblieben wäre, wie er es jahrzehntelang war.

Auch Dollase kennt sich zweifellos aus. Ich verstehe zwar nicht viel von dem, was er schreibt, aber ich erkenne die Tendenz. Würde ein Koch so kochen, wie Dollase schreibt, lägen wahrscheinlich vierzig Komponenten auf dem Teller, die den Gast beeindrucken sollen. Dollases Schreibweise gefällt mir nicht, aber seine Kompetenz ziehe ich nicht in Zweifel.

Das war immerhin der Ausgangspunkt: dass Kritiker eine Meinung hatten, mit der man einverstanden sein konnte oder nicht.

Heute ist das anders. Heute herrscht in der Gastrokritik das Amateurprinzip. Jeder, der Lust hat, seinen Senf zu einem Essen abzugeben, verschafft sich Gehör. Seit es in Mode gekommen ist, mit dem Handy im Restaurant zu fotografieren und die Bilder via *Facebook* hinaus in die Welt zu schicken, ist die Gastrokritik kein Beruf mehr, sondern eine Freizeitbeschäftigung mehr oder weniger kompetenter Amateure, meist weniger kompetenter. Es geht schließlich nicht mehr darum, die Ideen und Umsetzungen einer Küche zu würdigen, sondern der Welt mitzuteilen, dass man gerade in Barcelona sitzt und Tapas verdrückt.

Um es auf einen Nenner zu bringen: Mich nervt das. Ich meide die Gourmetportale im Internet, und ich vermeide nach Kräften, mir die Beschimpfungen eines Gastes zu Gemüte zu führen, der schon sauer ins Restaurant gekommen ist und nur nach weiteren Gründen gesucht hat, um noch saurer zu werden.

Ich bin auch kein Koch, der nach dem Service ins Restaurant geht und die Gäste abklappert, um sie zu fragen, ob es geschmeckt hat. Denn ich weiß ja, dass ich etwas Erstklassiges hinausgeschickt habe. Das muss ja mein Anspruch sein, mindestens.

Mir haben die Köche immer irgendwie leid getan, wenn sie die Verpflichtung gespürt haben, auf jede Kritik zu reagieren und sich von jedem Gast ansprechen und auf ein Glas Champagner einladen zu lassen. Der großartige Dieter Müller ist so ein Fall. Wenn er zum Beispiel gewusst hat, dass ein bestimmter Tester vom *Gault Millau* für den nächsten Tag reserviert hat, dann konnte er vor lauter Nervosität nicht mehr schlafen.

So wollte ich aber nicht leben. Wenn ich im „Hangar-7" wusste, dass ein *Gault Millau*-Tester da war, hat das für mich keinen Unterschied zu jedem anderen Gast gemacht.

Facebook, Twitter und die zahllosen Gastroblogs haben die Wahrnehmung von Essen verändert. Es wird, das ist unbestritten, mehr über Köche, Restaurants und auch einzelne Gerichte diskutiert als früher. Man bekommt mit, wer gerade wo ist, wer gerade was isst und wie diese Gerichte aussehen. Manche Leute beschreiben, was sie gerade essen, auf eine gute, anschauliche Art.

Hier beginnen aber schon die Nachteile. Denn jeder, der irgendwie trendy sein möchte, richtet sein Essen plötzlich an wie die Großen. Aber der Geschmack wird vernachlässigt. Die neuen Medien tragen mit ihrer optischen Kraft dazu bei, dass oberflächlicher gekocht wird. Die Ästhetik steht neuerdings über dem Geschmack.

Aber natürlich findet man im Internet auch gute Seiten, die sich mit der Spitzengastronomie auseinandersetzen. Die *Sternefresser* zum Beispiel finde ich richtig super. Die sind gescheite Burschen. Sie essen leidenschaftlich, und sie machen sich die Tatsache zunutze, dass sich jeder Gastronom freut, wenn ausführlich über ihn geschrieben wird. Deshalb werden sie auch fast überall eingeladen. Auch bei mir haben sie nie bezahlt. Schon deshalb finde ich, dass sie gescheite Burschen sind – auch wenn es eine Zeit lang gedauert hat, bis ich meinen Grundverdacht, dass sie bloß digitale Wichser sind, aufgegeben habe.

Der große Vorteil der *Sternefresser* ist, dass du von ihnen sehr ausführlich über jedes Essen informiert wirst. Sie beschreiben jeden einzelnen Gang. Du siehst jedes Gericht und bekommst eine Vorstellung davon, wie es schmecken könnte. Das leistet wesentlich mehr als eine Restaurantkritik im *Standard* oder in der *Frankfurter Allgemeinen*, wo auf begrenztem Raum alles zusammengefasst werden muss. Was bei einem zwölfgängigen Menü an ästhetischen und geschmacklichen Reizen zusammenkommt, lässt sich in einer Zeitungsspalte ja überhaupt nicht unterbringen.

Außerdem kennt sich ein Christian Stromann, der die *Sternefresser* gegründet hat, selbst ausgezeichnet aus. Gegen so einen habe ich ja nichts, bloß weil er keine Printmedien macht. Aber Christian Stromann kannst du mit Tausenden anderen Hobbykulinarikern nicht vergleichen, die zum Beispiel auf *TripAdvisor* ihre Wertungen über Restaurants abgeben, die sie nicht einmal begründen müssen und wo sie vielleicht niemals waren.

Man kann es vielleicht so sagen: Das Internet trägt dazu bei, dass ein gewisser Respekt vor kulinarischen Leistungen verloren geht. Kaum ist das Bild eines Gerichts in Umlauf, das dir vielleicht sogar besonders gut gelungen ist, steigen aus den Tiefen des Internets unsagbar schlechte Energien auf, die daran herummeckern, alles besser wissen oder infrage stellen, ob man die gehobene Gastronomie überhaupt braucht. Sobald du anfängst, solche Beiträge zu lesen, bist du entweder sehr müde oder sehr niedergeschlagen oder beides. Selbst wenn du hundert Kommentare bekommst und achtundneunzig davon positiv sind, dann sind es die beiden anderen, die dich fertigmachen.

Das ist auch der Grund, warum ich mich nach Kräften von Blogs und ihren Kommentaren fernhalte. Köche sind sensibel. Ich bin sehr sensibel, aber mein Freund und Vorbild Eckart Witzigmann ist noch sensibler. Im Vergleich zu ihm bin ich dann doch der, der seine Kritiker infrage stellt und nicht immer nur sich selbst.

Damit ich aber einen Schlussstrich unter die ermüdende Kritik setzen kann, der jeder von uns immer wieder ausgesetzt ist, habe ich mir angewöhnt, meinen Kritikern persönlich zu antworten, auch den schlimmsten, den bösesten, denen, die am wütendsten sind.

Ich schreibe ihnen aber immer nur einen Satz: „Friede sei mit dir!"

Ein paar Magazine, wie der *Rolling Pin*, bemühen sich, alles, was international passiert, angemessen und erfrischend mitzunehmen. Der *Feinschmecker*, der für mich vor zwanzig Jahren die Bibel war, müsste sich auch wieder ein bisschen weiterentwickeln. Dafür gibt es Titel wie *Beef*, die ich sehr cool und kompetent finde. Die schreiben vielleicht nicht mehr über Fine Dining, treffen aber trotzdem immer wieder meinen Geschmack, vor allem optisch. Auch *Effilee* ist ein super Magazin, und die Aufmachung und Fotoqualität von *Fool* finde ich außerordentlich. Vielleicht geht die Entwicklung ja auch in die Richtung, dass die großen Geschichten der Gastronomie mit Bildern erzählt werden und nicht mehr mit Worten. Andreas Caminada und Heinz Reitbauer haben das mit ihren Hausmagazinen durchaus vor.

Auch das italienische *Cook Inc.* finde ich großartig. Was Anna Morelli da auf die Beine stellt, ist taff, klug und schön. Das Magazin sollte es unbedingt auf Deutsch geben. Sobald sich ein Verleger dazu entschließt, *Cook Inc.* auf Deutsch zu publizieren, soll er sich bei mir melden. Da möchte ich auf jeden Fall mit von der Partie sein.

FRAUEN IN DER SPITZENKÜCHE.
DIE GRETCHENFRAGE

Frauen sind tolle, wunderschöne Geschöpfe. JinR aus Peking ist eine wunderschöne Frau. Jede Bewegung von ihr, jeder Handgriff sieht unglaublich ästhetisch aus. Sie ist als Köchin sehr erfolgreich. Aber bestimmt nicht, weil sie so gut kocht. Ich glaube, dass sie erfolgreich ist, weil sie so gut aussieht.

Das Gleiche gilt auch für Martha Ortiz Chapa aus Mexiko. Sie ist eine unglaublich schöne Frau, aber sie hätte mit ihrer Küche nur den halben Erfolg, wenn sie ein Mann wäre.

Das klingt natürlich wie sexistischer Wahnsinn.

Aber ich kann es begründen.

Kochen ist Handwerk, und dieses Handwerk beherrschen einfach nur wenige Frauen. Frauen tun sich schwer, wenn sie schneiden müssen, selbst beim Umrühren von Fonds oder Suppen sieht man schon, ob jemand das Handwerk beherrscht oder ob ihm schon vom Gewicht des Messers gleich das Handgelenk abfällt.

Aber fangen wir mit den Gegenbeispielen an. Natürlich gibt es Frauen, die großartig kochen können. Eine Margot Janse kann kochen.

Eine Tanja Grandits kann kochen. Und eine Cornelia Poletto kann es auch.

Aber ich habe insgesamt hundertzwanzig Gastköche im „Hangar-7" gehabt, und ich musste mich wirklich anstrengen, dass in jedem Jahr mindestens auch eine Frau dabei war.

Noch einmal: Ich habe nichts gegen Frauen in der Spitzengastronomie. Ich hätte liebend gern jedes Jahr genauso viele Frauen wie Männer eingeladen. Aber ich habe sie nicht gefunden. Wenn ich Frauen gefunden habe, dann vor allem solche, die so klug waren, ihre Ausnahmestellung oder ihr gutes Aussehen dazu zu benutzen, Aufmerksamkeit auf sich zu ziehen – und die Arbeit im Hintergrund von anderen erledigen zu lassen (was im Übrigen, wenn auch aus ganz anderen Gründen, auch auf manche Männer zutrifft).

Im Grunde ist das paradox. Denn Frauen sind härter im Nehmen als wir Männer. Sie haben einen viel feineren Gaumen, was beim Abschmecken ein immenser Vorteil ist. Ich würde mir von der guten Fee gern einmal den Gaumen einer Frau wünschen, um zu erkennen, wie groß der Unterschied zwischen den Geschlechtern ist. Allein aus diesen beiden Gründen wären Frauen für die Spitzengastronomie regelrecht prädestiniert.

Aber vielleicht schlägt gerade durch, dass die Frauen jahrhundertelang in der Küche stehen mussten und durch die Gleichberechtigung die Möglichkeit bekamen, sich von dieser Pflicht zu befreien. Das ist eine, wenn auch schwache, Theorie.

Dagegen spricht, dass viele junge Frauen eine Kochlehre absolvieren. Auch als Praktikantinnen gibt es noch viele Frauen, aber sobald es um ausgelernte Köche geht, stehen plötzlich nur noch Männer da. Unter sechs Praktikanten hatte ich im „Hangar-7" immer mehr Frauen als Jungs. Aber bei den fixen Köchen waren es nur noch zwei von fünfundzwanzig.

Das hat mich selbst aus der Fassung gebracht. Ich wollte wissen, warum das so ist und ob ich vielleicht selbst schuld daran bin. Dabei bin ich darauf gekommen, dass ich mit Frauen in der Küche ganz anders umgehe als mit Burschen. Während ich einen jungen Koch, der zum dritten Mal den gleichen Fehler macht, gnadenlos in den Arsch trete, lasse ich einer jungen Frau auch den dritten Fehler noch einmal durchgehen. Das klingt jetzt vielleicht weichherzig, aber es hat ein völlig anderes Ergebnis: Während ich den Jungen herausgefordert und ihn mit aller Gewalt dazu gezwungen habe, besser zu werden oder wenigstens sein Potenzial abzurufen, bin ich solchen Auseinandersetzungen mit jungen Frauen immer aus dem Weg gegangen.

Aber nur die Auseinandersetzung, permanentes Fordern und manchmal auch Über-Fordern bringen junge Köchinnen und Köche weiter. Bei den Köchen war ich konsequent. Als Ausbilder von jungen Köchinnen aber war ich inkonsequent. Vielleicht hatte ich einfach zu viel Angst vor den Tränen in den Augen einer jungen Frau.

Das ist sicher nicht der Grund dafür, dass es so wenig Spitzenköchinnen gibt. Aber es ist ein Grund, warum sich aus meinen Teams, bis auf wenige Ausnahmen, immer die Männer durchgesetzt haben.

Die simple Tatsache, dass auch aus anderen Küchen nur wenige Köchinnen bis ganz nach oben kommen, lässt vermuten, dass der Marsch durch die Institutionen nicht nur dann schwierig ist, wenn ich der Küchenchef bin.

Vielleicht scheuen Frauen auch die Arbeitszeiten in der Topgastronomie, die natürlich auf spektakuläre Weise inkompatibel mit dem Wunsch sind, eine Familie zu haben. Spitzengastronomie ist auf multiple Weise familienunfreundlich.

Das ist sicher eine schlechte Nachricht für viele Köchinnen.

Hier ein paar gute: Köchinnen in der Topgastronomie sind nicht nur attraktiv für weibliche Gäste, sondern auch für die Medien. Am Ende eines langen Wegs an die Spitze genießen sie gegenüber ihren männlichen Kollegen deutliche Vorteile. Sie sind wenige, deshalb sind sie interessanter. Sie sehen besser aus, deshalb bekommen sie mehr Aufmerksamkeit.

JinR ist eine der schönsten Frauen der Welt, ich habe mich augenblicklich in sie verliebt. Sie hat eine tolle Hand für Musik, weil sie ja aus der Musikszene kommt. Sie ist kunstversiert. Sie hat mich richtig umgehauen. In meiner Verliebtheit habe ich sogar geglaubt, dass sie

HAMMERFRAU: JinR, PEKING, SPEKTAKULÄR NEBEN DEM HERD

wirklich eine der besten Köchinnen der Welt ist. Aber das stimmt unter dem Strich einfach nicht – denn dazu müsste jeder Teller von ihr gut schmecken, auch wenn sie nicht vor dir am Tisch steht.

Kochen Frauen auch anders als Männer? Ich glaube schon. Ich habe den Eindruck, dass Frauen lieblicher würzen und schöner anrichten. Sie haben ein anderes Gespür für Ästhetik. JinR arbeitet zum Beispiel gern mit Blümchen (wobei das auch für den großen André Jaeger gilt, dem die ganzen Blumen genauso wichtig gewesen sind. Manchmal vermischen sich die Grenzen eben auch). Umgekehrt gibt es auch Frauen, die kochen wie ein Mann. Die Küche von Lea Linster hat zum Beispiel wenig dezidiert weibliche Anteile.

Vielleicht muss man auch einen Schritt zurücktreten und die Spitzenküche Spitzenküche sein lassen. Denn wer hat denn jemals besser gekocht als unsere Großmütter? Diesen punktgenauen Umgang mit Lebensmitteln bis zum maximalen, wunderbaren Yummie-Effekt erleben wir doch in jeder zweiten italienischen Trattoria, wo die Nonna am Herd steht.

Das sind ohne jeden Zweifel die besten Essen.

Wenn ich also sage, ich bin in London und gehe ins „Nopi" zu Yotam Ottolenghi essen, und wenn ich dort beim Essen das Gefühl habe, es stehen vier italienische Mamas in der Küche, die für mich gekocht haben, dann ist das das größte Lob, das ich vergeben kann. Und dieses Lob zeigt ganz deutlich eines: dass ich der Meinung bin, Frauen sind eigentlich bessere Köche als Männer.

Die Frage ist nur: Warum gibt es dann im Fine-Dining-Bereich so wenig Frauen? Könnte es etwa sein, dass Frauen die große Ego-Show der Spitzenköche nicht mitmachen wollen? Dass Frauen sich weigern, für den nächsten *Michelin*-Stern sämtliche Überzeugungen über Bord zu werfen, so wie es viele Kollegen getan haben, tun und sicherlich auch weiter tun werden?

Vielleicht sind Frauen einfach nur gescheiter als wir Männer. Auch das ist, wenn ich ein bisschen darüber nachdenke, eine Möglichkeit.

DIE FLASCHE NEBEN DEM HERD.
HAT DIE SPITZENKÜCHE EIN ALKOHOLPROBLEM?

Alkohol ist ein großes Thema in der Küche. Zwar haben viele Küchenchefs längst begriffen, dass die Hochgastronomie ein Leistungssport ist, der sich nicht damit verträgt, dass du dauernd an die Theke gehst und dir ein Bier rauslässt. Viele Köche machen inzwischen eher Sport oder Yoga, damit sie ihre Birne frei kriegen. Aber es gibt noch immer ganz schön viele, die schon tagsüber mit dem Trinken beginnen, und wenn sie tagsüber trocken bleiben, dann trinken sie spätestens nach dem Service, wenn sie durchs Lokal gehen und ihre Gäste begrüßen.

Ich habe nie verstanden, warum ein Koch nach dem anstrengenden Service durchs Lokal geht und seine sogenannten Honneurs macht. Denn der Koch ist ja zwangsläufig auf einem völlig anderen Trip als der Gast. Der Gast hat gerade angenehme drei Stunden verbracht, ist entspannt und guter Dinge. Der Koch hat fünf Stunden Service hinter sich, während denen in der Küche Krieg herrscht. Er hat sich mit Sicherheit über den einen oder anderen Mitarbeiter geärgert, vielleicht auch über den einen oder anderen Gast, und er bringt nicht nur den Gestank der Küche mit in den Speisesaal, sondern auch die energetische Summe von Stress, Anspannung und Wahnsinn.

Aber das ist eine andere Geschichte: Ich selbst habe jedenfalls nie das Bedürfnis gespürt, nach dem Service meine Runden zu drehen.

Bei anderen Köchen ist die Begegnung mit dem Gast aber die zwangsläufige Begegnung mit dem Alkohol. Auf die Frage, ob man nicht ein Glas miteinander trinken möchte, sagt kaum ein Küchenchef Nein, und wenn er einmal Ja gesagt hat, wiederholt sich die Prozedur zwangsläufig an anderen Tischen. Das Ende des Abends mündet also in ein High, für das sich der Koch nicht einmal selbst verantwortlich machen muss. Er hat es ja scheinbar dem Gast zuliebe gemacht. Auf diesem Weg lauert ganz selbstverständlich und hinterhältig die Gefahr, dass du plötzlich viel zu viel trinkst.

Natürlich habe ich auch echte Alkoholiker unter den Küchenchefs kennengelernt. Manche begannen schon am Morgen mit der ersten Flasche Champagner, und ich will nicht mitgezählt haben, wie viele es waren, bis in der Küche die Lichter ausgingen. Manche vertrugen das auch, büßten nichts an Kreativität und Aufmerksamkeit ein und brachten ihre volle Leistung. Andere lagen buchstäblich am Nachmittag besoffen in einer Ecke ihrer Küche und mussten sich von ihren Mitarbeitern den Arsch retten lassen.

Einer unserer Gastköche war ein schwerer Gintrinker. Als ich ihn das erste Mal besuchte, fiel mir das nicht auf. Er war lustig, guter Laune, erzählte mir vor dem Mittagsservice total interessante Dinge über die Muscheln, die er tatsächlich ganz großartig zubereitete. Das einzig Merkwürdige war, dass er irgendwann während des Gesprächs einschlief, mitten im Satz.

Einer seiner Mitarbeiter kam dann zu mir und sagte: „Sorry, aber der Chef hat heute schon eine Flasche Gin getrunken. Aber er wacht gleich wieder auf."

Er wachte dann tatsächlich gleich wieder auf und setzte seinen Satz genau dort fort, wo er aufgehört hatte. Er ist dann einer der wenigen gewesen, die nicht persönlich nach Salzburg kamen. Denn er hatte auf Druck seiner Familie und seiner Küchenbesatzung einen Entzug angefangen.

Der Druck in der Spitzenküche ist enorm, und Alkohol ist für viele Köche das Ventil.

Natürlich ist es abhängig davon, was für Typen die einzelnen Köche sind. Manche betrachten nicht nur ihren Beruf als Spitzensport, sie treiben tatsächlich in einem Ausmaß Sport, dass du nur den Hut ziehen kannst. Hans Haas ist auf dem Rennrad eine Macht. Gert de Mangeleer läuft dauernd Halbmarathons. Daniel Humm geht nicht in seine Küche, bevor er nicht zwanzig Kilometer laufen war.

Auch der Sport kann eine Droge sein, um den Kopf frei zu bekommen. Ich vermute, dass diese Droge gesünder ist als die Flasche.

Ich selbst trinke kaum Alkohol, und wenn ich arbeite, gar keinen. Ich bin ein Gegner von Alkohol in der Küche. Deshalb habe ich auch viele Köche nicht beim Trinken erlebt, weil ich ihnen nicht die Freude gemacht habe, sie dazu aufzufordern. Klar, es gab auch selbstbewusste Trinker unter den Köchen, die bei mir am Küchentisch saßen, sich einen Schnaps nach dem anderen eingeschenkt haben und uns beim Arbeiten zusahen. Aber das waren die Ausnahmen.

Ich habe aus dem Verzicht auf Alkohol nie eine Wissenschaft gemacht. Mir hat einfach der Hausverstand gesagt, dass es besser ist, wenn ich jede Sekunde einen klaren Kopf habe. Der Gast hat ein Recht darauf, dass ich fit bin, und ich selbst bin mir verpflichtet, dass ich mich nicht kaputt mache, auf welche Weise auch immer.

WENN GÄSTE NICHT ERSCHEINEN:

DAS NO-SHOW-PROBLEM
(UND EIN KLUGER LÖSUNGSVORSCHLAG)

Es ist kein spezielles Problem der Gastronomie, dass Menschen, die sich irgendwo angekündigt haben, nicht auftauchen. Das passiert im Theater genauso wie im Fußballstadion, und wenn du den Flug, den du gebucht hast, nicht nimmst, hat der, der dann neben sich einen freien Sitz vorfindet, sogar eine Freude.

Der feine Unterschied zur Gastronomie besteht darin, dass die Theaterkarte genauso bezahlt war wie die für das Fußballspiel, und das Flugticket sowieso. Im Restaurant jedoch hast du erst einmal nur Ausgaben gehabt, bis dein Gast über die Schwelle tritt. Du hast seinen Tisch gedeckt, vielleicht Blumen besorgt. Du hast eingekauft, dein Team ist vorbereitet. Du erwartest jemanden, weil er sich angekündigt hat. Du vertraust dieser Ankündigung. Du hast vielleicht anderen Menschen, die auch gern zum Essen gekommen wären, abgesagt: Geht leider nicht, wir sind heute ausgebucht.

Und dann kommt der Gast einfach nicht. Er ist, wie wir in der Branche sagen, ein No-Show.

Das ist ein No-Go.

Denn niemand regt sich auf, wenn jemand absagt. Wir regen uns nicht einmal auf, wenn jemand kurzfristig absagt. Wir regen uns nur auf, wenn jemand einfach nicht kommt. Denn genauso, wie er das Telefon in die Hand nehmen musste, um seinen Tisch zu bestellen, kann der Gast auch sein Telefon in die Hand nehmen, um abzusagen. Einmal abgesehen davon, dass es ein simples Gebot der Höflichkeit ist. Der No-Show-Gast nimmt billigend in Kauf, dass dem Restaurant die Einnahmen eines ganzen Tisches entgehen. Das kann in der Spitzengastronomie, wo beinhart kalkuliert wird, durchaus darüber entscheiden, ob ein Restaurant an diesem Tag Geld verdient oder draufzahlen muss.

Manche Gäste denken sich nicht viel dabei. Sie halten eine Reservierung für eine vage Absichtserklärung. Ich kenne Gäste, die gleichzeitig an vier verschiedenen Orten reservieren, damit sie sich erst in letzter Sekunde entscheiden können, worauf sie und ihre Freunde heute Lust haben und wo sie essen gehen. Sie setzen sich dann mit wohligem Seufzen in den für sie vorbereiteten Stuhl, während an drei anderen Orten ein Tisch frei bleibt.

Ich würde diesen Gästen wünschen, dass sie in ein Restaurant kommen, wo sie das Essen im Voraus bezahlt haben, und der Maître begrüßt sie am Eingang mit den Worten: „Tut uns leid. Aber wir haben Ihren Tisch einem anderen Gast gegeben. Der ist uns heute sympathischer als Sie. Aber Sie können es gern ein anderes Mal wieder probieren."

Meistens ist No-Show ein Zeichen von Arroganz. Gäste finden es nicht notwendig, abzusagen.

Manchmal wird das Problem von den Concierges großer Hotels verursacht. Sie sagen ihren Gästen, die sie um einen Restauranttipp bitten, dass sie sich nicht sofort entscheiden müssen, und reservieren gleichzeitig in vier verschiedenen Restaurants. Wir hatten zum Beispiel eine Häufung von Reservierungen für Gäste des „Hotel Sacher", die dann ohne Absage nicht erschienen sind. Da macht man sich schon Gedanken darüber, ob da ein Zusammenhang besteht.

Manchmal ist No-Show aber auch schlicht kriminell. Ich habe persönlich erlebt, dass ein Mensch, der mir offenbar nicht wohl gesinnt war, in ganz Österreich in meinem Namen große Tische reserviert hat, immer für acht bis zehn Personen. Er hat dazugesagt, dass sich die Köche etwas überlegen sollen und dass der Sommelier ohne Weiteres bereits ein paar große Rotweine aufmachen kann, damit sie Luft bekommen.

Und dann ist natürlich niemand erschienen.

Ich erfuhr das erst durch Zufall, als mich ein Kollege, der Heinz Hanner, anrief, um mich zu fragen, warum ich eigentlich nicht persönlich bei ihm reserviere.

„Was?", fragte ich. „Für wann soll ich reserviert haben?"

„Heute Abend", sagte Heinz. „Du bist mit einem Zehnertisch eingetragen."

Der Haken an der Sache war, dass ich mich in Bali aufhielt und von einer Reservierung beim Hanner natürlich nichts wusste.

Ein anderes Mal rief mich der Karl Obauer abends um neun an und fragte: „Sag, kommst du noch?"

„Wohin?", fragte ich ganz perplex und erfuhr, dass schon wieder ein Tisch auf meinen Namen bestellt worden war, der natürlich leer blieb.

Von diesem Moment an war mir klar, dass da gerade eine Schweinerei passiert. Also ließ ich von meiner Communication-Managerin eine Mail verfassen, die sie an alle Spitzenbetriebe in Österreich und Bayern verschickte und klarstellte, dass fälschlich in meinem Namen Tische bestellt werden. Es kamen tatsächlich noch ein paar Rückmeldungen von Kollegen, die geprellt worden waren und mich für ein arrogantes No-Show-Arschloch halten mussten – ich kann es ihnen nicht verdenken.

Das ist die eine Seite der Medaille. Das System lädt zum Missbrauch geradezu ein, egal, ob es um Gäste geht, die aus Arroganz oder Nachlässigkeit nicht auftauchen, oder um solche, die dir Übles wollen.

Tatsache ist: Wir laden sie richtig dazu ein. Wir werden ausgenutzt, weil wir den Gästen die Möglichkeit geben, uns auszunutzen. Wir notieren uns vielleicht den Namen des Gastes und seine Telefonnummer. Aber selbst wenn wir ihn nach der Kreditkartennummer fragen, dürfen wir im Fall des No-Show nichts von der Karte abbuchen. So entspricht es jedenfalls der momentanen Gesetzeslage.

Deshalb frage ich mich schon lange, warum Restaurants nicht vom Theater oder von der Oper lernen und Tickets verkaufen. Kein Mensch empfindet es als Zumutung, wenn er eine Eintrittskarte für die Salzburger Festspiele schon im Winter bezahlen muss, auch wenn die Aufführung erst im August stattfindet. Aber wenn man einen Tisch im Restaurant schon bei der Buchung bezahlen soll, fuchteln alle mit den Händen und sagen: Wie kommen wir dazu?

Ein paar Kollegen haben dieses System bereits eingeführt. Grant Achatz in Chicago zum Beispiel oder Daniel Patterson in San Francisco. Sie haben hundertprozentig recht.

Denn ich mache als Gastgeber nicht mehr, als dass ich den Gast beim Wort nehme. Der Gast sagt: „Ich komme." Ich sage: „Willkommen, das Ticket kostet 150 Euro."

Dazu hat sich noch kein einziges Restaurant in Deutschland oder Österreich durchgerungen. Ich meine: weil niemand die Eier dazu hat. Gastronomen haben Angst, dass keine Gäste mehr kommen, wenn sie Tickets kaufen müssen. Warum? Ein Essen kostet so oder so Geld, und ob ich dieses Geld einen Monat früher oder später ausgebe, ist völlig egal.

Als ich in einem so internationalen Restaurant wie dem „Hangar-7" die Reservierung mit Ticket einführen wollte, wurde mir beschieden: Nein, das verärgert die Gäste. **UNS IST ES OFFENBAR LIEBER, DASS DIE GÄSTE UNS VERÄRGERN.**

DER MICHELIN.
STERNE VOR DIE SÄUE

Der *Guide Michelin* kann sicher eine gute Motivation sein. Für viele Köche ist es eine Riesenehre, einen Stern zu bekommen, einen zweiten Stern zu bekommen, vielleicht sogar einen dritten Stern. Für manche Köche ist dieser dritte Stern sogar ihr eigentliches Lebensziel. Der dritte Stern – dann haben sie das Gefühl, alles erreicht zu haben, was in diesem Beruf jemals erreicht werden kann.

Ich halte das, mit Verlaub, für Wahnsinn. Denn es sind ja keine überirdischen Autoritäten, die dir als Koch deine Sterne zuerkennen, sondern Menschen wie du und ich. Menschen entscheiden, ob ich einen Stern bekomme oder zwei oder drei. Da habe ich in meinem Restaurant vielleicht zweitausend Gäste pro Monat, das macht vierundzwanzigtausend Gäste im Jahr, und einer dieser Gäste entscheidet darüber, ob ich gut genug bin, einen Stern oder einen zweiten zu bekommen.

Da steige ich aus. Da bekomme ich brutale Atemnot, wenn ich mir vorstelle, dass ich als Gastronom von einem so fehleranfälligen System abhängig sein soll.

Das gilt einerseits für alle Restaurantführer. Aber je besser das Image eines Restaurantführers ist, desto schlimmer kommt mir die Abhängigkeit von ihm vor.

Denn einen *Gault Millau* muss ich ja nicht ernst nehmen. Aber der *Michelin* hat immerhin eine große Tradition, ist am längsten am Markt und am internationalsten unterwegs. Der *Michelin* ist der einzige Restaurantführer, vor dem die meisten Köche einen gewissen Respekt haben. Die Tester kommen vom Fach, geben sich nach dem Testessen zu erkennen, sind nicht irgendwelche dahergelaufenen Amateure.

Trotzdem hat mich der *Michelin* viel zu oft enttäuscht. Wenn in Hongkong zum Beispiel das fantastische „Amber" zwei Sterne bekommt und das absurde „Bo Innovation" drei Sterne, da kann ich mich nur fragen, was der Tester für Getränke oder sonstige Substanzen zu sich genommen hat. Allein zwischen diesen beiden Lokalen ist der Qualitätsunterschied so augenfällig, dass die Bewertung des *Michelin* vor allem auf den Guide selbst zurückfällt: Wer solche Unterschiede nicht erkennt, kann nicht erwarten, dass er von mir ernst genommen wird. Und dass nebenbei auch ein „Caprice" oder „Otto e Mezzo" in Hongkong drei Sterne bekommt, ist mindestens genauso absurd.

Nun kann man vielleicht sagen: Okay, der Hongkong-Guide ist vielleicht ein bisschen speziell. Aber der Tokio-Guide ist auch ein bisschen speziell, und wenn man ehrlich ist, ist auch der Frankreich-Guide ein bisschen speziell.

Das hat natürlich Gründe. Und der wichtigste Grund ist, dass das berühmte rote Buch Geschäfte macht und Geschäfte machen *muss*. Sie wollen ihr Buch verkaufen und bringen deshalb genau dort ihr Buch auf den Markt, wo es auch ein Publikum dafür gibt – egal, ob ihre Tester jetzt kompetent sind oder blind oder geschmacksverwirrt.

Wenn dann nach dem Erscheinen des *Michelin* wieder das große Diskutieren einsetzt, ob denn nun der eine den dritten Stern wirklich verdient und warum der andere nicht einmal den zweiten bekommen hat, bereue ich manchmal, dass ich nicht Hundertmeterläufer geworden bin. Weil ich als Hundertmeterläufer nach 9,79 Sekunden im Ziel bin, und kein noch so gescheiter Kritiker wird mir nachher sagen, dass mein Stil aber doch nicht das Optimum an Eleganz gewesen ist. Ich war der Schnellste, Punkt.

Aber weil ich über die hundert Meter wahrscheinlich doch länger als 9,79 Sekunden brauche, bin ich eben Koch geworden. Und muss mich über die Ahnungslosen vom *Michelin* ärgern und bei den Diskussionen, die mich eigentlich gar nicht interessieren, fleißig mitmachen.

Aber es ärgert mich eben, wenn ich sehe, wer heute mit drei Sternen ausgezeichnet wird. Allein in Frankreich leben so viele Köche von ihrer Vergangenheit. Würde der *Michelin* seine Arbeit ordentlich machen, gäbe es in Frankreich nur die Hälfte an Dreisternköchen.

Gleichzeitig gibt es in ganz Skandinavien, dem Innovationszentrum der modernen Hochküche, keinen einzigen Dreisterner. Da kann ich nur fragen: Ja, spinnen denn die?

Gleichzeitig gibt es in Hongkong fünf oder sechs Dreisterner, die im Vergleich zum „Noma" in Kopenhagen oder zum „Oaxen" in Stockholm so was von unbedeutend sind. Das kann ich doch beim besten Willen nicht ernst nehmen.

Und es regt mich auch auf. Solange es den *Michelin* gibt, wird er mich aufregen. Weil ich ein Gerechtigkeitsfanatiker bin. Wenn der Richard Ekkebus vom „Amber" nur zwei Sterne bekommt, dann regt mich das eben auf – auch wenn mir der Richard gesagt hat: „Hör zu, Roland. Ich bin lieber ein guter Zweisterner als ein schlechter Dreisterner."

Aber da brennt bei mir eine Sicherung durch. „Nein, Richard", sage ich dann. „Du wärst aber kein schlechter Dreisterner. Du wärst einer der besten Dreisterner."

Weil das glaube ich nicht nur, sondern ich weiß es. Ich kann das beurteilen. Ich weiß auch, dass das „Steirereck" längst den dritten Stern verdient und dass Mathias Dahlgren und Björn Frantzén drei Sterne verdienen und dass von allen italienischen Dreisternköchen maximal zwei gut genug für drei Sterne sind – dass es in Frankreich viel zu viele Dreisterner gibt, habe ich ja schon gesagt.

Ich selbst habe vom *Michelin* im „Ikarus" immer einen Stern bekommen, vom Anfang bis zum Schluss. Das hat mich gewundert, weil ich unser Konzept eigentlich für unbewertbar hielt. Im „Ca's Puers" bekam ich, als ich fünfundzwanzig war, auch sofort einen Stern. Damals hat das meine Eitelkeit befriedigt. Aber in den Jahren danach habe ich mein Egoproblem Schicht für Schicht abgelegt und bin inzwischen heilfroh darüber, dass ich nicht, wie viele andere Kollegen, ängstlich auf das Erscheinen des nächsten *Guide Michelin* warten muss, weil dort vielleicht drinsteht, dass mein Berufsleben endlich einen zweiten oder dritten Stern verdient hat.

Ich meine, wie armselig ist das denn? Ich muss doch jeden Tag daran glauben, dass meine Arbeit einen Sinn hat – und nicht nur dann, wenn der *Michelin*-Tester das ebenfalls glaubt. Deshalb wünsche ich allen Kollegen, die noch immer auf eine bessere Bewertung des *Michelin* hoffen, gute Besserung. Und dass sie möglichst rasch kapieren, dass es Wichtigeres gibt als den ersten oder den zweiten oder den dritten Stern – nämlich die Sterne oben am Himmel. Und dass man die mit Ruhe und Gelassenheit betrachtet und im Einklang damit ist, wie unsere schöne Welt sich dreht.

SEEIGEL IM HUMMERGELEE MIT BLUMENKOHL, KAVIAR UND ALGENCRACKER

Von Richard Ekkebus

SPINATCHIPS
500 g frische Spinatblätter, geputzt
Salz
50 g Weizenmehl, Type 405
50 g weiche, ungesalzene Butter
50 g flüssiges Eiweiß

TAPIOKACHIPS
225 ml Wasser
30 g Tapiokamehl
10 g getrocknetes
Seealgenpulver
Salz
750 ml Sonnenblumenöl
zum Frittieren

HUMMERFOND
1 EL neutrales Pflanzenöl
1 kg frische Hummerköpfe
40 g Zwiebel, gewürfelt
20 g Schalotten, gewürfelt
30 g Karotten, gewürfelt
30 g Fenchelknolle, gewürfelt
20 g Staudensellerie, gewürfelt
3 weiße Pfefferkörner
1 l Wasser
70 g Tomaten, geviertelt
1/2 frisches Lorbeerblatt
1 Zweig frischer Thymian
1 Stängel frische Petersilie
1 Stängel frisches Basilikum

HUMMERGELEE
50 g Karotten
50 g Fenchelknolle
50 g Zwiebeln
5 g frische Estragonblättchen
5 g frische Petersilienblättchen
200 g flüssiges Eiweiß
500 ml kalter Hummerfond
(siehe Teilrezept „Hummerfond")
Salz
3 Blatt Gelatine

BLUMENKOHLMOUSSE
250 g Blumenkohlröschen
25 g ungesalzene Butter
Salz
250 ml Vollmilch
1 Blatt Gelatine
300 g halbsteif geschlagene
Sahne

SEEIGEL
60 g frischer Seeigelrogen
120 g Blumenkohlmousse
(siehe Teilrezept „Blumenkohlmousse")
80 g Hummergelee
(siehe Teilrezept „Hummergelee")

ANRICHTEN
20 g Imperialkaviar
etwas Blattgold

SPINATCHIPS

Die Spinatblätter in sprudelnd kochendem Salzwasser 2 Minuten blanchieren, dann aus dem Blanchierwasser schöpfen und in Eiswasser abschrecken. Die Spinatblätter abtropfen lassen und überschüssiges Wasser gut auspressen. Den Spinat in einen Pacojet-Becher füllen und 12 Stunden tiefgefrieren. Den gefrorenen Pacojet-Becher in den Pacojet setzen und den Inhalt zu einer Paste verarbeiten. Die Paste erneut in einem Pacojet-Becher tiefgefrieren und pacossieren. Diesen Vorgang 3-4-mal wiederholen, bis eine sehr feine Paste entsteht. Die Spinatpaste durch ein feines Sieb streichen und 150 g abwiegen. Vor dem Anrichten 150 g Spinatpaste, das Weizenmehl, die weiche Butter und das flüssige Eiweiß glatt rühren. Den Teig gleichmäßig dünn auf eine Silpat-Matte streichen und im auf 150 °C vorgeheizten Backofen (Umluft) ca. 10 Minuten knusprig backen. Die Teigplatte in grobe Stücke brechen.

TAPIOKACHIPS

Das Wasser und das Tapiokamehl in einen Topf geben und glatt rühren. Alles zusammen unter Rühren zum Kochen bringen. Die Masse mit Frischhaltefolie bedecken und 40 Minuten bei 100 °C dampfgaren. Die gedämpfte Tapiokamasse mit dem getrockneten Seealgenpulver vermischen und salzen. Den Teig dünn auf eine Silpat-Matte streichen und im auf 70 °C vorgeheizten Backofen (Ober-/Unterhitze) 12 Stunden trocknen lassen. Die Teigplatte in Stücke brechen, in einen Vakuumierbeutel legen und verschließen. Vor dem Anrichten das Sonnenblumenöl in einem Topf auf 190 °C erhitzen. Die Teigstücke nacheinander in das heiße Sonnenblumenöl gleiten lassen und so lange frittieren, bis sie aufpoppen. Dann herausschöpfen und auf Küchenkrepp abtropfen lassen. Die Tapiokachips im Backofen bei 50 °C warm halten.

HUMMERFOND

Das Pflanzenöl in einem Topf erhitzen, die Hummerköpfe zugeben und gut anrösten. Die Zwiebeln, die Schalotten, die Karotten, den Fenchel, den Staudensellerie und die Pfefferkörner zugeben und kurz farblos anrösten. Das Wasser und die Tomaten hinzufügen und 1 Stunde köcheln lassen. Den Fond durch ein feines Sieb passieren, dann erneut mit dem Lorbeerblatt, dem Thymianzweig, dem Petersilienstängel und dem Basilikumstängel aufkochen. Den Fond um die Hälfte reduzieren, dann durch ein feines Sieb passieren und 500 ml für die Zubereitung des Hummergelees (siehe Teilrezept „Hummergelee") kalt stellen.

HUMMERGELEE

Die Karotten, die Fenchelknolle, die Zwiebeln, die Estragonblättchen und die Petersilienblättchen in den Thermomix geben und fein zerkleinern. Das flüssige Eiweiß zugeben und 2 Minuten rühren. Den kalten Hummerfond in einen Topf geben und die Gemüsemischung hinzufügen. Alles langsam unter ständigem Rühren (in Form einer Acht) zum Kochen bringen. Die Hitze reduzieren und den Fond 20 Minuten bei konstant 90 °C ziehen lassen. Dann vorsichtig durch ein feines Sieb passieren. Die Gelatine einige Minuten in kaltem Wasser einweichen. Die klare Hummerconsommé erwärmen und mit Salz abschmecken. Die gut ausgedrückte Gelatine zugeben und auflösen. Das Hummergelee warm weiterverarbeiten (siehe Teilrezept „Seeigel").

BLUMENKOHLMOUSSE
Die Blumenkohlröschen fein hacken. Die Butter in einem Topf zerlassen, den Blumenkohl zugeben und 5 Minuten farblos dünsten, dann salzen. Die Milch hinzugießen und mit einer Lage Pergamentpapier bedecken. Den Blumenkohl sehr weich kochen, dann die Flüssigkeit durch ein feines Sieb abgießen. Den Blumenkohl in einen Mixer geben und fein pürieren. Das Blumenkohlpüree durch ein feines Sieb streichen und 150 g abwiegen. Die Gelatine einige Minuten in kaltem Wasser einweichen. 150 g Blumenkohlpüree in einem Topf erwärmen, die gut ausgedrückte Gelatine zugeben und auflösen. Das Blumenkohlpüree in eine Schüssel füllen, auf ein Eiswürfelbad setzen und kalt rühren. Sobald die Masse zu gelieren beginnt, die halbsteif geschlagene Sahne in drei Arbeitsschritten unterziehen. Die Blumenkohlmousse mit Salz abschmecken, in einen Spritzbeutel füllen und kalt stellen.

SEEIGEL
Je 5 g frischen Seeigelrogen in vier kleine Schalen geben, darauf je 30 g Blumenkohlmousse spritzen und glatt streichen. Dann je 10 g Seeigelrogen mittig auf die Blumenkohlmousse setzen und mit je 20 g warmem Hummergelee komplett bedecken. Die Schalen in den Kühlschrank stellen und das Hummergelee erstarren lassen.

ANRICHTEN
Die vorbereiteten Schalen mit Seeigel aus dem Kühlschrank nehmen und auf je einen Teller setzen. Je 1 Nocke Kaviar mittig auf das Hummergelee setzen und mit etwas Blattgold krönen. Je 1 Tapioka- und Spinatchip dazu reichen.

DER *GAULT MILLAU*

Ich hätte nie gedacht, dass der *Gault Millau* das „Ikarus" tatsächlich bewerten möchte. Das Konzept des Restaurants erlaubt schließlich keine seriöse Bewertung. Aber das war dem *Gault Millau* egal. Er hat uns jahrelang mit „16 bis 18" *Gault Millau*-Punkten bewertet, ohne dass der *Gault Millau*-Tester bei jedem Gastkoch gegessen hätte – was natürlich Voraussetzung für eine seriöse Bewertung gewesen wäre. Und was ein triftiger Grund für mich war, den *Gault Millau* einfach nicht ernst zu nehmen.

Denn am Beispiel des „Ikarus" sieht man, wie willkürlich Bewertungen sind. Es kommt ein Tester, bekommt das Essen eines Kochs, den er wahrscheinlich gar nicht kennt, und maßt sich anschließend an, ein Urteil über das gesamte Konzept unseres Restaurants und die aktuelle Umsetzung abzugeben.

Aber es ist nichts im Vergleich zum Aufwand, den wir betreiben – und wir müssen uns dann von einem Passanten sagen lassen, wir arbeiten auf einem Niveau von 16 bis 18 Punkten.

Ich habe das übrigens nur ein einziges Mal mit dem *Gault Millau*-Herausgeber besprechen können. Das war zu einem Zeitpunkt, als ich schon neun Jahre im „Hangar-7" gearbeitet habe. Damals kam Karl Hohenlohe in den Grill zum Essen, und ich habe mich zu ihm gesellt, in der Hoffnung, dass wir vielleicht ein paar klärende Worte wechseln können.

Ich habe ihn also begrüßt und bin schnell zur Sache gekommen. „Nehmen Sie uns doch aus dem Führer", habe ich zu ihm gesagt. „Weil uns so zu bewerten, wie es der *Gault Millau* tut, ist lächerlich."

Das wollte er aber nicht. Er sei es seinen Lesern schuldig, dass wir im Buch vorkommen, sagte er.

Es hat dann schnell ein Wort das andere gegeben, und es war klar, dass wir an dem Abend keine Freunde mehr werden. Ich habe darauf beharrt, dass ein einzigartiges Konzept auch eine spezielle Bewertung verdient, und er war der Meinung, dass seine Bewertungen eh okay sind. Über diesen Graben sind wir nicht gekommen, bis mir Herr Hohenlohe auf den Kopf zugesagt hat, ich sei vielleicht ein guter Koch, aber menschlich …

Darauf habe *ich* gesagt, dass ich immerhin kochen kann. Und so haben wir uns verabschiedet.

Damit war meine Geschichte mit dem *Gault Millau* aber noch nicht zu Ende. Denn als ich mich vom „Hangar-7" verabschiedet habe, sind Mails an alle Freunde und Geschäftspartner gegangen, eine davon auch an einen Mitarbeiter des *Gault Millau*.

Nun wollte dieser Mitarbeiter meine Mail offenbar an jemanden weiterleiten, hat aber stattdessen versehentlich auf „Antworten" geklickt und seine Mail an mich geschickt. Darin stand – und das fand ich ein bemerkenswertes Beispiel für die Hybris der *Gault Millau*-Bewerter –, ich hätte den Zeitpunkt meines Abschieds offenbar so gewählt, weil ich auf eine Haube mehr spekuliert hätte und ihnen auf diese Weise noch einmal eine vor den Latz knallen wolle.

Am Ende der Mail stand noch: „Aber Pech gehabt. Mir war der Trettl eh nie sympathisch."

Ich habe natürlich auf die Mail geantwortet: „Sehr geehrter Kollege, versehentlich ging diese Mail an mich, was für Sie jetzt wahrscheinlich ein bisschen peinlich ist." Und ich habe ihm noch kurz gesagt, dass sich der *Gault Millau* ein bisschen überschätzt, denn selbstverständlich hat mein Abschied vom „Hangar-7" gar nichts mit dem *Gault Millau* zu tun.

Außerdem schrieb ich, dass er persönlich mir eigentlich immer sympathisch gewesen sei.

Er hat sofort geantwortet, es war ihm natürlich sehr peinlich, und inzwischen sprechen wir auch wieder freundlich miteinander. Aber als Beweisstück dafür, wie sehr sich der *Gault Millau* überschätzt, taugt die Mail noch immer.

WAS WIR VON DER NORDIC CUISINE LERNEN KÖNNEN

Ohne Trends kommt die Menschheit offenbar nicht aus. (Vor allem die Presse. Die ganz sicher nicht.) Nachdem die Molekularküche zehn Jahre lang zur wichtigsten Errungenschaft der Kulinarik hochgehypt worden war, war es gleich darauf die Nordic Cuisine, die dogmatisch eine neue Regionalität eingeläutet hat.

Aber auch die Nordic Cuisine wird von einem neuen Trend abgelöst werden, daran besteht kein Zweifel. Die südamerikanische, speziell die peruanische, Küche steht schon in den Startlöchern. Aber die räumliche Distanz lässt mich zweifeln, dass sich dieser Küchentrend auch bei uns in der Breite durchsetzen wird.

Den Vordenkern der Nordic Cuisine kann ich nur gratulieren. Sie – damit meine ich speziell den Visionär Claus Meyer, der mit seiner charismatischen Art den Eisbären Sonnenbrillen verkaufen könnte – haben eine perfekte Marketingarbeit für ein gutes Produkt hingelegt. Und sie haben eine Bewegung geschaffen, an der in Europa kein Weg vorbeigeführt hat. Oder gibt es irgendwo noch ein Restaurant oder Wirtshaus oder einen Campingplatzimbiss, der nicht voller stolz seine regionalen Produkte anpreist (was immer das auch sein mag)?

Eins nach dem anderen. Als ich das erste Mal bei René Redzepi im „Noma" gegessen habe, war ich völlig von den Socken. Das begann beim Outfit der Köche und Kellner, die unglaublich lässig aussahen, das ging über die Architektur des Restaurants – es liegt in einem alten Speicher am Hafen, nicht im Zentrum, im Inneren bröckelt der Putz kunstvoll von der Mauer, auf den Tischen liegen keine Tischdecken, und die Nordic-Design-Stühle sind mit Fellen ausstaffiert; lauter Gründe, warum der affektierte *Michelin* diesem Lokal keine drei Sterne gibt, lächerlicherweise – bis zum Menü, das völig anders war als alles, was ich bis dahin gegessen hatte.

Ich war also in Kopenhagen und dachte mir, besser wird es in deinem Leben nicht mehr werden. Alle „Noma"-Mitarbeiter waren herzlich und aufgeschlossen, vor der Tür watscheln Enten umher, und der Oberkellner schlüpft während des Service hinaus auf den Kai und füttert die Enten mit Brot. Und das Essen passt wunderbar dazu, egal, ob es der Langostino ist, der auf dem heißen Stein serviert wird, oder Ameisen mit Sauerrahm oder lebende Garnelen in einem Einweckglas auf Crushed Ice, von der Kälte nur betäubt, sodass sie wieder zu krabbeln beginnen. Das ist eindeutig, dachte ich, als ich vor dem Lokal stand und die Brise vom Meer in meinen Haaren spürte, das beste Essen deines Lebens gewesen.

Dieses Urteil widerrief ich erst, als wir in Salzburg das „Noma"-Essen eins zu eins nachkochten. Die Rezepte sind nicht schwierig, die Produkte ließ ich mir aus Skandinavien bringen, und trotzdem fehlte mir etwas: das „Noma". Weil das „Noma"-Essen nur im „Noma" ist, was es sein soll. Überall sonst fehlt ihm etwas Entscheidendes. Ohne „Noma" war dieses Essen noch immer eindrucksvoll, aber nicht mehr die beste Mahlzeit der Welt.

Denn Spitzenküche ist mehr als das, was auf dem Teller liegt. Das ist die wichtigste Erkenntnis, die man bei der Nordic Cuisine gewinnt. Es ist wichtig, was und wie man kocht. Aber es ist genauso wichtig, wie man seine Gerichte präsentiert, wie die Stimmung ist, in die hinein man sein Essen platziert, wie anregend die Gestaltung des Lokals ist, wie das Geschirr aussehen muss, welche Temperatur das Licht hat, welcher Sound das Essen begleitet. Das ist die wahre Lehre, die wir aus der Nordic Cuisine ziehen können: Dass alles eigenwillig durchdacht sein und ein stimmiges Bild ergeben muss.

Aber in der mitteleuropäischen Hochküche ist eine ganz andere Botschaft angekommen: dass man plötzlich nur noch ganz dogmatisch verarbeiten darf, was direkt vor der Haustür produziert wird. Mit Verlaub: Ich muss nicht von René Redzepi lernen, dass ich vorzugsweise mit Früchten und Gemüse arbeite, die in einem Umkreis von zwanzig Kilometern wachsen. Das versteht sich seit der Zeit von selbst, als der Steinzeitmann seiner Frau ein regionales Mammut schlachtete und vor die Höhle zerrte.

Und, noch entscheidender, ich darf auf keinen Fall die unwichtigen Teile eines Trends in den Vordergrund stellen und kopieren. Mir kommt das Kotzen, wenn ich die unzähligen Zweige und Gräser sehe, die mir plötzlich in bayrischen oder österreichischen Landgasthäusern auf den Teller gelegt werden, bloß weil Redzepi damit begonnen hat, Flechten und Moose zu verkochen und Mahlzeiten daraus zu machen. Aber er macht das aus einem guten Grund. Kein Kräutchen, keine Blüte, die bei René oder bei Magnus Ek oder bei Björn Frantzén oder bei Rasmus Kofoed auf dem Teller liegt, liegt zufällig dort. Ihr Geschmack ist entscheidend für das jeweilige Gericht. Aber bei uns liegen Gräser und Blumen und Wurzeln auf dem Teller, weil die Köche die Gerichte aus dem „Noma" oder dem „Geranium" auf *Facebook* gesehen haben. Aber nicht einmal die geschmacksgestörtesten Kühe würden sie fressen.

Dazu kommt noch etwas, was wir von den Skandinaviern lernen können. Denn die verschiedensten Köche und Gastrounternehmer haben begriffen, dass ein Trend nur dann Fahrt aufnehmen kann,

PERFEKTION: NIRGENDS SCHMECKT NOMA BESSER ALS IM »NOMA«, KOPENHAGEN.

wenn man ihn gemeinsam bedient und an einem Strang zieht. Der Zusammenhalt der skandinavischen Gastronomen war von Beginn an vorbildlich, und es ist nur logisch, dass staatliche Förderungs- und Tourismuseinrichtungen sich der Sache angenommen haben, um sie zu stärken und fruchtbar zu machen. Noch vor zehn Jahren wäre es grotesk gewesen, von Kopenhagen als einer kulinarischen Destination zu sprechen. Heute isst man in Kopenhagen besser als in ganz Österreich oder Norddeutschland, und es reisen permanent Foodies nach Dänemark, um die Segnungen der Nordic Cuisine selbst zu erfahren.

Aber wenn ich mit Tourismuschefs in vergleichbaren Städten spreche, lächeln die nur hochmütig und sagen, dass man mit Kulinarik keine Betten füllen kann – was für eine Fehleinschätzung.

Ich habe mit zahlreichen skandinavischen Gastronomen gearbeitet – mit René Redzepi, mit Rasmus Kofoed, mit Björn Frantzén, mit Danyel Couet und Paul Svensson vom „F12" –, und alle waren warmherzige, völlig in ihre Aufgabe verschossene Menschen. Sie und ihre Schüler und Adepten schaffen etwas ganz Besonderes: Kaum sitzt du in einem ihrer Läden, fühlst du dich so wohl, dass du am liebsten die Schuhe ausziehen möchtest – und ich schwöre, kein Mensch würde dich ermahnen, wenn du es wirklich tust. Im Gegenteil, die wollen nämlich, dass du dich wirklich wohlfühlst. Wenn du mit einer Krawatte ankommst, schneiden sie dir die wahrscheinlich ab, damit du nicht so stocksteif dasitzen musst.

Das ist die wahre Leistung der Nordic Cuisine.

WIE TEUER DARF GUTES ESSEN EIGENTLICH SEIN?

Gutes Essen kostet Geld. Aber wie viel Geld? Die Preise könnten unterschiedlicher nicht sein. Allein in der selbsternannten Welthauptstadt der Kulinarik, in Paris, ist das Spektrum unglaublich weit. Bei Bertrand Grébaut im „Septime", das zu den besten fünfzig Restaurants der Welt gezählt wird, zahlst du sechzig Euro für ein Menü und bekommst dafür vier großartige Gänge.

Und dann gehst du über die Straße zum Ducasse und bezahlst dreihundertachtzig Euro. Natürlich bekommst du bei Ducasse eine super Ware. Aber im „Septime" bekommst du auch eine super Ware.

Dann beginnt das Kalkulieren. Ich weiß, wie viel Personal im „Plaza Athenée" unterwegs ist und was der Umbau kostet etcetera. Ich weiß auch, dass es in Paris genug Russen, Chinesen und Japaner gibt, die dreihundertachtzig Euro, ohne mit der Wimper zu zucken, für das Menü bezahlen können. Trotzdem sind 380 Euro eine Menge Geld, und Geld war auch bei uns im „Hangar-7" immer wieder ein Riesenthema.

Denn was sollten wir für unsere Menüs verlangen? Hätten wir einfach die Preise der Originalrestaurants übernommen, wären uns die Gäste auf die Barrikaden gestiegen. Wir waren sowieso schon das teuerste Restaurant Österreichs. Aber gegen die Restaurants in den Metropolen waren wir mit den hundertfünfzig bis hundertsiebzig Euro für ein großes Menü natürlich Waisenknaben.

Es war mein Job, in teure Restaurants essen zu gehen, deshalb machte ich mir über die Preise auch keine Gedanken. Je besser du verstehst, wie Restaurants funktionieren – ob sie privat geführt werden oder wie der „Hangar-7" oder, wie viele Hotelrestaurants, zu Konzernen gehören und andere Aufgaben zu erfüllen haben, als Gewinne zu machen –, desto aufmerksamer schaust du dir das Preis-Leistungs-Verhältnis an.

Und wenn ich jetzt, mal angenommen, sage: Okay, Ducasse muss im „Plaza Athenée" dreihundertachtzig Euro verlangen, um Profit zu machen, dann messe ich diesen Preis auch an der Leistung der Crew. Und ein Sommelier, der mir auf die Bitte, etwas anderes als Wein zum Essen zu servieren, einen abgestandenen Orangensaft bringt, ist in einem Paket für dreihundertachtzig Euro nicht inbegriffen.

Damit sind wir wieder beim Thema: Die Gastronomie ist dafür da, dass sich die Gäste wohlfühlen. Egal, zu welchem Preis. Aber wenn ich zuerst einen Haufen Geld ausgebe und mich dann nicht wohlfühle, dann ist, das muss man deutlich sagen, mein Geld nicht gut angelegt.

Natürlich gibt es auch Menschen, die einen Besuch im teuersten Restaurant von Paris als Statussymbol sehen und das Geld gern investieren, um anschließend von ihrem Erlebnis erzählen zu können. Es soll ja auch Menschen geben, die noch viel mehr Geld in ein teures Auto investieren, das finde ich noch absurder.

Die Motive des Gasts mögen also vielfältig sein, von den Motiven des Gastronomen aber erwarte ich mir Transparenz. Ich sage: Verlangt jeden Preis, den ihr wollt, aber liefert die beste Leistung, zu der ihr fähig seid. Das heißt aber nicht nur, dass ihr gut kocht – ihr müsst alles dafür tun, dass es mir bei euch gefällt. Dann werde ich auch mit bestem Gewissen meine Kreditkarte auspacken, die Augen schließen und jede Rechnung unterschreiben.

WELCHER GAST WILL ZWANZIG GÄNGE ESSEN?

Ich halte es für kapitalen Unsinn, dass bei einem einzigen Essen fünfzehn Gänge oder mehr serviert werden. Das ist kein Essen mehr, finde ich, sondern pure Überforderung.

Dabei rede ich noch gar nicht von der Unsitte, diese fünfzehn Gänge mit fünfzehn verschiedenen Weinen zu begleiten. Für diese Flut an Reizen ist der Mensch einfach nicht geschaffen.

Das ist eine neue Entwicklung. Immer mehr Köche möchten immer mehr zeigen, wie gut sie sind.

Natürlich gab es schon zu Beginn der klassischen Hochküche viel zu essen. Ein Blick auf die Menüs von Auguste Escoffier zeigt, dass man damals nicht nur unendlich viele unterschiedliche Speisen zu essen bekam, sondern auch unendlich große Portionen. Das große Fressen war angesagt, man zelebrierte für die Oberen Zehntausend den gigantischen Überfluss, wie man es früher nur am Hof der großen Monarchen getan hatte.

Mit der Nouvelle Cuisine begann eine neue Zeitrechnung. Die großen Portionen der klassischen französischen Küche wurden auf winzige Bissen zurechtgestutzt, die jeweils Zeugnis ablegen sollten von der Kunst des Kochs, aus fast nichts etwas Großartiges zu machen. Dabei muss jemand den teuflischen Gedanken gehabt haben, dass Essen unter anderem auch dazu dient, Menschen satt zu machen; weil aber die Grundidee der Nouvelle Cuisine darin bestand, die Finesse der klassischen Küche auf winzige Portionen zu reduzieren, brauchte es dafür eine ganze Menge von Gängen, um jemanden wie mich, der mit einem gesunden Appetit ausgestattet ist, auch wirklich satt zu machen.

Diese Idee wurde dann von Ferrán Adrià auf die Spitze getrieben. Adrià servierte in seinem Restaurant „El Bulli" gar keine Teller mehr, sondern nur Happen, die auf unterschiedliche Weise angerichtet waren, auf Löffeln, in Schälchen, in Fläschchen, in Pipetten. Dafür gab es mehr als dreißig verschiedene Gänge.

Das hatte natürlich weder mit Essen, wie wir es vorher kannten, etwas zu tun noch mit den einigermaßen vertrauten Regeln der Haute Cuisine. Aber während mir die Vielzahl an Gängen in den meisten Restaurants auf den Wecker geht, sehe ich an manchen Orten eine Berechtigung dafür: Ins „El Bulli" zum Beispiel ging kein Mensch, um dort seinen Hunger zu stillen. Jeder wollte seine Tour über den kulinarischen Abenteuerspielplatz machen, die Sensationen der Molekularküche kennenlernen und sich verblüffen lassen.

So einen Ansatz halte ich für berechtigt.

Auch was René Redzepi im „Noma" macht, ist die Ausnahme von der Regel: kein Essen, sondern ein Erlebnis, vom Eintreffen im Hafenviertel Kopenhagens über die krabbelnden Garnelen auf dem Teller bis zum Filterkaffee am Schluss. Kein normales Menü, sondern eine Choreografie.

Damit bin ich mit den Ausnahmen, die ich gelten lasse, allerdings schon fast am Ende.

Ich spürte das Unbehagen mit den großen Menüs schon einige Zeit, aber ich habe mich aus Höflichkeit darauf eingelassen.

Jeder Koch ist bekanntlich ein Egomane, und deshalb will er seinen Gästen zeigen, was er draufhat. Achtmal, zehnmal, zwölfmal am Abend.

Meistens hat das den Effekt, dass ich beim sechsten Gang schon nicht mehr weiß, was ich vorher gegessen habe. Und am Ende des Menüs überwiegt die Erleichterung, dass nicht noch ein Teller kommt, über die Freude an den gelungenen Gerichten.

Dann habe ich meinen Kollegen Jannis Brevet kennengelernt. Jannis war mein letzter Gastkoch, und er hatte eine bemerkenswerte Einstellung, wenn er irgendwo in ein Restaurant ging. Er sagte immer: „Ich esse nur das, was ich wirklich essen will." Dann ließ er sich die Karte bringen, suchte aus dem zwölfgängigen Degustationsmenü den vierten, sechsten und neunten Gang aus und bestand darauf, nicht einmal ein Amuse-Bouche zu bekommen.

So ein Selbstvertrauen haben nur die Besten.

Es braucht natürlich auch eine Menge Gelassenheit beim Koch, in dessen Restaurant ein Jannis Brevet gerade sitzt, um exakt das aus der Küche zu schicken, was Jannis bestellt hat – und kein bisschen mehr. Jeder Koch möchte gern zeigen, was er kann. Aber der Respekt vor dem Gast muss in jeder Sekunde größer sein als das Bedürfnis, selbst zu glänzen.

Jannis sagte mir dazu: „Wieso soll ich acht Gänge essen, auf die ich überhaupt keine Lust habe, damit ich die drei bekomme, die ich wirklich möchte?"

Er hat absolut recht.

Denn es gibt zwei verheerende Feedbacks für einen Koch.

Das Erste: wenn der Gast nach dem Essen sagt, es war gut, aber es war zu viel. Dann hast du deine Hausaufgaben nicht gemacht.

Das Zweite: wenn der Gast sich gar nicht mehr erinnern kann, was er alles essen musste. Dann hast du ihn vergewaltigt. Das ist noch schlimmer.

Für mich hat das ideale Menü fünf Gänge inklusive Dessert. Verschont mich mit Amuse-Bouches, die machen nur Arbeit und keine Freude. Gebt mir um keinen Gang mehr, als ich bestellt habe. Serviert die Gänge in einem raschen, harmonischen Rhythmus. Ich sitze nicht beim Arzt im Wartezimmer, wo man ans Warten gewöhnt ist, sondern beim Essen. Also will ich essen. Wenn ich mehr Zeit zwischen den Gängen haben will, **MELDE ICH MICH BEIM KELLNER**.

SCHÖNER IST ESSEN NIE:
FOODSHARING IM FAMILY STYLE

Es gehört zu den schönsten Eigenheiten der asiatischen Küche, dass alle Gerichte in die Mitte des Tisches gestellt werden, damit sich alle, die um den Tisch sitzen, davon nehmen können. So und nicht anders hat Essen einen Sinn. Ich möchte doch von jedem Gericht, das aus der Küche kommt, kosten. Ich möchte doch jedes Gericht, das mir schmeckt, mit den Menschen, mit denen ich esse, teilen. Darüber reden. Mich um den letzten Bissen raufen.

Foodsharing heißt ja nicht zufällig auch „Family Style". Das setzt natürlich voraus, dass ich mit Menschen gemeinsam esse, die ich mag. Aber mit Menschen, die ich nicht mag, trinke ich sowieso maximal ein Glas Mineralwasser an der Hotelbar.

Ich habe das Prinzip in seiner ganzen Schönheit bei David Thompson kennengelernt, dem Mann, der die Thaiküche perfektioniert hat und das einzig gültige und großartige Kochbuch zu dieser fantastischen Küche geschrieben hat. Ich hatte sicher schon fünfhundertmal beim Thai gegessen – in Thailand und in allen großen Weltstädten –, aber bei David Thompson schmeckte es einfach noch einmal ein bisschen anders. Besser. Umwerfender. Das lag an der Akribie, mit der er und sein Team mit jedem einzelnen Produkt umgingen. Allein, wie dünn die Limettenblätter geschnitten wurden – schon daran bin ich mit meinem Team gescheitert, denn es braucht vermutlich das schärfste Messer der Welt und zwei Tonnen Limettenblätter, damit du die Routine bekommst, sie so dünn zu schneiden, wie es David kann.

Es geht dabei um keine Kleinigkeit: Denn die Limettenblätter werden ja zu den anderen Zutaten gemischt, und sie verändern die Textur, die Gesamtwirkung jedes Gerichts. Das gilt genauso für die Currypasten, die alle stundenlang mit der Hand gemörsert werden, bis sie endlich so samtig und perfekt sind, wie David sie haben will – und das ist immer um noch einen Tick feiner und samtiger, als du es jemals zuvor gegessen hast. Das ist dann dieser eigenwillige Schwebezustand zwischen Salzigkeit, Schärfe, Süße, Säure und Bitterkeit – eine Harmonie, die keine andere Küche schafft.

Dazu kommt, wie sie serviert wird.

Zuerst kommen vier verschiedene Salate mitten auf den Tisch. Und Reis, schon ganz am Anfang. Kein Brot – yippie! Dann kommen drei Suppen. Dann drei verschiedene Relishgerichte. Dann drei verschiedene Currys. Alles mitten auf den Tisch. Dann vier Hauptgänge. Fermentierter Fisch. Etwas Erfrischendes. Und dann ganz zum Schluss, jedes Mal, Sticky Rice mit Mango.

Sticky Rice mit Mango kannst du jeden Tag essen. Da brauchst du dir als Patissier gar keine Gedanken über Abwechslung zu machen: Es darf auf keinen Fall etwas anderes geben. Das macht die Thaiküche so fantastisch.

Und was sie eben auch so fantastisch macht, ist der Tisch, der sofort aussieht, als hätte ihn sich Daniel Spoerri ausgedacht: überall Teller, Schalen, Gläser, Besteck, Chaos – die pure Schönheit des gemeinsamen Essens.

Gibt es etwas Schöneres, Großzügigeres?

Nein.

Eines noch: Wer mit mir gemeinsam am Tisch sitzt, muss schnell sein. Beim Kampf um die letzte Garnele gibt es von mir kein Pardon.

Und noch eines: Jeder deutsche Gastronom, der sagt, dass sich diese Art zu essen bei uns nicht durchsetzen lässt, ist auf dem falschen Dampfer. Denn niemals dürfen wir den Gast für unsere eigene Feigheit verantwortlich machen.

STICKY RICE MIT MANGO

Von Ian Pongtawat Chalermkittichai

STICKY RICE
250 g Klebreis

MARINADE
DES STICKY RICE
125 ml Kokosmilch
100 g Zucker
1/4 TL Salz
25 ml Traubenkernöl

KOKOSSAUCE
60 ml Kokosmilch
40 g Zucker
1 Prise Salz
1 thailändische Räucherkerze,
zum „Räuchern" der Sauce
etwas Speisestärke
1 frische Thai-Mango

MANGOSAUCE
50 g Mangopüree
etwas Läuterzucker
(Zuckersirup)

JACKFRUCHTSORBET
50 g Zucker
25 g Glukosepulver
15 g Dextrose
2 g Pectagel Rose (Geliermittel)
160 ml Wasser
5 g Trimolin (Glukosesirup)
250 g Jackfruchtpüree

MANGOCHIPS
1 frische Mango
70 g Puderzucker

MUNGBOHNEN
50 g Mungbohnen
Pflanzenöl zum Frittieren

STICKY RICE
Den Klebreis in kaltem Wasser 5 Stunden lang einweichen, abseihen und, in Etamine (Siebtuch) eingeschlagen, für ca. 18 Minuten dämpfen. Wenn der Reis gar ist, rasch in eine kalte Schüssel umfüllen.

MARINADE
DES STICKY RICE
Kokosmilch, Zucker und Salz einmal aufkochen, dann rasch abkühlen. Den Reis mit dieser Marinade mischen, er darf aber nicht zu flüssig werden. Zum Schluss das Traubenkernöl für einen schönen Glanz beigeben. Den Reis, eingewickelt in Klarsichtfolie, in eine rechteckige Form von 2 cm Höhe bringen und etwa 40 Minuten bei Raumtemperatur ruhen lassen. Anschließend in Rechtecke schneiden, Folie entfernen.

KOKOSSAUCE
Kokosmilch, Zucker und Salz aufkochen. Die Duftkerze in einer kleinen Schüssel in die Kokossauce stellen und anzünden. Etwa 1 Minute brennen lassen, dann ausblasen. Die Kokossauce mit der Kerze nun rasch mit Frischhaltefolie abdecken und ca. 40 Minuten ruhen lassen. Die Folie abziehen, die Kerze entfernen und die Speisestärke einrühren. Die Sauce erneut aufkochen, dann rasch abkühlen. Die Reisrechtecke mit etwas Sauce marinieren. Die Thai-Mango schälen, halbieren und in etwa gleich große Stücke wie die

Reisrechtecke schneiden. Die Stücke dreimal diagonal durchschneiden, aber nicht trennen. Die Mangostücke in Rechteckform auf die Reisrechtecke legen und mit etwas Kokossauce bestreichen.

MANGOSAUCE
Mangopüree und Läuterzucker in der Küchenmaschine glatt mixen.

JACKFRUCHTSORBET
Zucker, Glukosepulver, Dextrose und Pectagel Rose trocken mischen. Wasser und Trimolin beigeben, glatt rühren und einmal aufkochen lassen. Rasch abkühlen, das Jackfruchtpüree zufügen und über Nacht ruhen lassen. Dann in der Eismaschine frieren.

MANGOCHIPS
Die Mango schälen, in dünne Scheiben schneiden und auf Backpapier legen. Mit Puderzucker bestreuen und im Ofen bei 80 °C trocknen. Die Chips in Stücke brechen und in die Mango auf den Reisrechtecken stecken.

MUNGBOHNEN
Die Mungbohnen im Pflanzenöl frittieren.

ANRICHTEN
Die Reisrechtecke mit den Mangos und den Mangochips auf Tellern anrichten. Etwas Kokossauce mit einem Löffel über den Teller ziehen und die Mangosauce in Punkten auf die Teller verteilen. Die frittierten Mungbohnen locker über die Mango streuen und 1 Nocke Jackfruchtsorbet anlegen.

WARUM ICH AM LIEBSTEN, SCHLECK, MIT DEN FINGERN ESSE

Ich habe von Herrn Witzigmann viel gelernt. Aber ein Tipp war wahrscheinlich fast der wichtigste: „Roland", sagte er zu mir, „bevor du mit einer Frau was anfängst, geh mit ihr essen. Denn erst beim Essen lernst du eine Frau wirklich kennen."

Zuerst wusste ich nicht genau, was er damit meint. Aber als ich mit meiner damaligen Freundin Richtung Spanien unterwegs war, begriff ich. Wir machten in Frankreich halt und bestellten selbstverständlich Langostinos und Garnelen. Ich habe die Köpfe und Panzer mit den Fingern ab- und aufgebrochen und habe zum Essen eigentlich kein Besteck gebraucht.

Meine Freundin hat mich die ganze Zeit angeschaut, als ob ich gerade Popel aus meiner Nase fresse. Sie selber hat mit Messer und Gabel an den Krustentieren herumgefitzelt und ist nicht richtig weitergekommen. Und ich habe gemerkt, dass es ihr richtig unangenehm war, dass ich mich ihrer Meinung nach benehme wie ein Bauarbeiter, während es mir richtig richtig unangenehm war, dass sie so blöd in ihrem Essen herumstochert.

Da habe ich gemerkt, dass eine Frau, die nicht beherzt zugreift, wenn es etwas zu greifen gibt, mit mir keine Freude haben wird. Und umgekehrt. Wir sind auch gar nicht mehr nach Spanien weitergefahren, sondern haben auf halbem Weg umgedreht.

Aber mir ist damals klar geworden, wie viel Freude das Essen macht, wenn man es direkt mit den Fingern in den Mund stecken kann. Oft habe ich das Gefühl, dass Besteck wie eine Barriere wirkt, vor allem wenn es auf dem Tisch wie eine Schranke aufgelegt wird. Beim Essen darf es aber keine Barrieren geben, im Gegenteil.

In Japan, wo man nicht frei von Formalitäten ist, werden die Nigiri auch mit den Fingern gegessen. Im „Noma" kam ein Tartar, das man selbst anrichten musste, ohne Besteck dazu. Bei Jonnie Boer in Zwolle erlebte ich, dass der Kellner kam, mich aufforderte, meine Hand aufzuhalten, und auf meiner Handfläche ein kleines Rindertartar mit verschiedenen Cremes anrichtete. Dann frisst du dir sozusagen selbst aus der Hand. Fand ich eine geile Idee.

Aber natürlich ist das nichts für Spießer, die Angst vor den Bakterien auf ihren Fingern haben. Mir persönlich ist es umso leichter gefallen, mit den Fingern zuzugreifen, je selbstbewusster ich zum Essen gegangen bin. Immer liegt irgendetwas auf dem Teller, das danach ruft, mit den Fingern genommen zu werden.

Außer natürlich eine klare Suppe. Für die brauchst du schon die ganze Hand.

Ich finde das sinnlich und schön. In vielen Restaurants wird bereits dazu eingeladen, die Snacks mit den Fingern zu nehmen. Wobei so ein Rindertartar auf der Handfläche etwas anderes ist als eine kross gebratene Hühnerhaut, die man in irgendeine Creme taucht, das muss ich schon sagen. Aber ich finde, dass die Abwesenheit von Besteck die Verbindung des Gastes zum Essen stärkt. Wer das nicht will, kann ja jederzeit um Messer und Gabel bitten. Ich werde es sicher nicht tun.

Das ist nur eine von vielen Regeln, die gebrochen gehören.

CHEF FOREVER: ECKART WITZIGMANN, MEIN GROSSER, GROSSER FREUND

SORBETS VOR DEM HAUPTGANG:

EIN IRRTUM

Manchmal wird vor dem Hauptgang noch ein Sorbet gebracht. Der Kellner sagt dann gönnerhaft: „Eine kleine Erfrischung vor dem großen Finale" oder einen ähnlich behämmerten Text.

Warum aber muss ich meinen Gast vor dem Hauptgang erfrischen? Wieso muss ich eine Extrarunde einlegen, damit er noch einmal Appetit bekommt? Und wie erkläre ich meinem Sommelier, dessen große Stunde gerade schlägt, wenn er seinem Gast den Rotwein einschenkt, dass ich mit einem Sorbet seinen Gaumen betäube? Wenn ich dieser Sommelier wäre, würde ich dem Koch sagen: „Hau ab mit deinem Sorbet, aber ganz besonders schnell!"

Manchmal habe ich mir angesichts solcher Unsinnigkeiten gedacht, dass es vielleicht irgendwo einen Küchenchef mit Humor gibt, der sagt: Ich setze jetzt einen phänomenalen Unfug in die Welt und warte darauf, wie schnell er mir nachgemacht wird. Gratulation, mein Freund, das ist dir gut gelungen.

Mir würden auch noch ähnliche Scherze einfallen. Man könnte bei einer Weinverkostung wichtiger Weine den Château Margaux aus dem Jahr 1961 einfach aus der Flasche trinken und behaupten, dass das ein ganz spezielles, bisher unausgeschöpftes Geschmackserlebnis ergibt. Oder so ähnlich. Irgendwelche Deppen werden auch diesen Blödsinn als letzten Schrei weiterverbreiten.

Liebe Köche! Wenn ihr mir also vor dem Hauptgang unbedingt noch etwas einflechten möchtet, dann macht mir einen leichten Kräutersalat. Oder einen Fenchelsalat mit guten Orangenfilets. **ABER SERVIERT DAS EIS ZUM DESSERT.**

AUF JEDEM TELLER EIN KRÄUTCHEN ODER EINE BLÜTE:

NOCH EIN IRRTUM

Wo man hinkommt, liegen plötzlich Kräuter, Gräser, Blüten und Blumen auf dem Teller. Das finde ich brutal anstrengend. Ich bin doch kein Rindvieh.

Wobei ich durchaus Respekt vor der Firma Koppert Cress habe. Die bringen das Zeug ja auf den Markt und verdienen sich wohl eine goldene Nase damit. Man kann auch gar nicht abstreiten, dass viele Teller plötzlich sehr viel farbenfroher aussehen. Aber geschmacklich ruinieren die Blüten und Kräuter oft mehr, als sie optisch bewirken.

Denn nur die wenigsten Köche können mit den Geschmäcken der schönen Kräuter und Blüten auch umgehen. Klar, da gibt es René Redzepi und die Kollegen aus Schweden, die eine traumwandlerische Sicherheit im Umgang damit haben, jedes Gräschen hat dort geschmacklich eine Aufgabe. In Helsinki habe ich bei Hans Välimäki vom „Chez Dominique" die großartigsten Kräuter überhaupt kennengelernt: Sauerklee, Senfkresse und verschiedene andere Kressesorten. Die hat eine richtige Kräuterhexe für ihn angebaut, von der ich mir dann die Kresse auch nach Salzburg schicken ließ.

Nun ist Kresse ja eine Pflanze, die meistens auf Zellstoff wächst und zum ersten Mal schmutzig wird, wenn du sie wäschst. Die schneidest du ab, und fünf Minuten später ist es vorbei mit ihr. Die Frau aus Finnland hat ihre Kresse aber in Erde angesät, und die hat nach dem Schneiden spielend eine Woche gehalten. Das war sensationell (und ich frage mich nebenbei, warum es in der Nähe von Salzburg oder von München nicht auch so eine Kräuterfarm gibt wie in Helsinki).

Kräuter und Blüten sind schön, natürlich. Aber wenn du sie nur wegen der Ästhetik auf den Teller legst, machst du etwas falsch. Es ist eine Frage von kulinarischer Intelligenz, ob du deinen Teller schmücken musst. Wenn ein Gericht gut schmeckt, ist es nämlich am schönsten, und du kannst es nur ruinieren, indem du Unsinnigkeiten wie Chilifäden darauf platzierst oder den grünen Strunk aus optischen Gründen nicht von der Tomate oder der Erdbeere entfernst. Da kannst du ja gleich in den Tisch beißen, der wird besser schmecken.

Die Dekorationssucht ist eine direkte Folge der optischen Globalisierung von kulinarischem Wissen. Jeder Teller aus dem „Noma" wird in den sozialen Medien rund um die Welt geschickt, und viele Köche denken sich: Mann, sieht das gut aus.

Der Rest ist das Missverständnis, das Köche dazu gebracht hat, uns für Kühe oder Schafe zu halten.

STICKSTOFF UND MOLEKULARKÜCHE:
SCHON WIEDER EIN IRRTUM

Stickstoff in der Küche ist, jetzt einmal pauschal gesagt, ein Irrtum. Zugegeben, wenn ihn Großmeister wie Ferrán Adrià oder Dani García verwenden, kommt immer etwas Spektakuläres dabei heraus. Aber wenn du den Umgang mit Stickstoff nicht gewohnt bist, dann gibt es zwar Rauch und Nebelschwaden, aber fast nie ein Gericht, von dem du sagst: Stimmt, dafür war der Stickstoff wirklich notwendig.

Ich würde das mit dem Einsatz von Blüten und Kräutern vergleichen. Auch das führt nur dann zu brauchbaren Ergebnissen, wenn echte Meister am Werk sind. Der Rest ist Abklatsch.

Keine Frage, dass man mit Stickstoff spektakuläre Gerichte zubereiten kann. Mir ist selbst einmal, auf Anregung von Ferrán Adrià, ein besonderes Gericht gelungen, als ich in Südtirol einen Apfelstrudel dekonstruierte – sonst nicht gerade mein Style, die Dekonstruktion, aber damals war es geil: Ich habe zuerst einen Sud aus allen Komponenten des Apfelstrudels gemacht, Apfel, Vanille, Gewürze, Marzipan, und knallheiß in ein Schnapsglas gefüllt. Dann habe

STICKSTOFFSCHÖNHEIT: DIE ORIGINALTOMATE VON DANI GARCÍA, MARBELLA.

ich aus den gleichen Komponenten eine Espuma, einen Schaum, hergestellt, den ich in Stickstoff auf minus 165 Grad heruntergekühlt habe. Das Gefrorene gab ich zum heißen Sud, und alles wurde auf einmal in den Mund gesteckt: ein echter Knalleffekt, und der Geschmack war auch voll da.

Mich nervt der Einsatz von spektakulären Elementen wie Stickstoff vor allem aus einem Grund: Einer beherrscht die Technik wirklich, und tausend andere versuchen, ihn zu kopieren. Die Ergebnisse sind entsprechend mau – und sie lenken die jungen Köche vom Essenziellen ab: von der ganz normalen, straighten Küche, die immer am erfolgreichsten war und zu Recht am erfolgreichsten sein wird. Die sollen den doppelten Salto erst üben, wenn sie den Handstand können.

WARUM GEMÜSE NICHT TOURNIERT UND FLEISCH NICHT GEOMETRISCH GESCHNITTEN WERDEN MUSS

In der Schule lernt man bestimmt ein paar Dinge, die man im Beruf gut brauchen kann. Man lernt zum Beispiel, wo man den Ofen einschaltet und dass man sich besser nicht ins Kühlhaus einsperren lässt. Aber man lernt auch jede Menge Unsinn.

Dazu gehört das Tournieren von Gemüse. Immer wieder passiert es, dass auf meinem Teller Teile von gesundem Gemüse auftauchen, die auf bestialische Weise in eine artifizielle Form gebracht worden sind, bis zur Unkenntlichkeit entstellt.

Natürlich weiß ich, dass Gemüse jahrzehntelang tourniert wurde, von den besten Köchen der Welt. Aber ich habe gelernt, dass es schon einmal nicht günstig ist, wenn ich Lebensmittel lang in der Hand halte, egal, ob das Gemüse, Fisch oder Fleisch ist. Das tut dem Produkt nicht gut. Und es tut dem Produkt auch dann nicht gut, wenn noch immer auf sämtlichen Gastronomieschulen das Tournieren von Karotten und Kartoffeln unterrichtet wird.

Denn ich will eine Karotte nicht tournieren. Ich will, dass sie aussehen darf, wie sie aussieht – weil sie nämlich schön ist. Und dass sie perfekt geschmort wird. Und dass sie nicht zurechtgeschnitten und womöglich in Salzwasser gekocht wird, damit nicht nur die Form verschwindet, sondern auch der Geschmack im Salzwasser bleibt.

An dieser Stelle ein kurzer Zwischenruf zum kochenden Salzwasser: Kein Gemüse wird besser, wenn es im Salzwasser gegart wird. Der Geschmack wandert ins Wasser. Liebe Lehrer, denkt euch bitte andere Methoden aus, wie man Gemüse gart. Diese ist falsch und obszön. Vergesst sie!

Ich darf das sagen, weil ich es selbst bis zum Exzess machen musste. Ich habe die Füße von Pfifferlingen abgeschabt. Bullshit. Ich habe Erbsen geschält, weil man dem Kauapparat der Gäste nicht einmal die Haut einer Erbse zumuten wollte. Bullshit.

Und weil wir gerade über Bullshit reden: Ich verstehe nicht, warum man von einem Stück Fleisch immer links und rechts die Enden so großzügig abschneidet. Das kann ich doch mit bestem Gewissen dem Gast überlassen. Wenn er die Enden nicht will, kann er sie selbst abschneiden und liegen lassen. Aber nur, um das Fleisch auf beiden Seiten mit blutigem Anschnitt präsentieren zu können, muss ich doch nicht bei jeder Portion immer wieder zwanzig Gramm wegschneiden.

Das Gleiche bei Langostinos. Versteht es sich denn wirklich von selbst, den gebratenen Langostino so zu begradigen, dass man am Ende einen geraden Schnitt hat? Wozu? Ich nehme dem Gast das Stück Langostino weg, nur damit der Schnitt besser aussieht. Bullshit.

Erst unlängst habe ich mir überlegt, wie viel Fleisch und wie viele Langostinos ich auf diese Weise schon weggeworfen habe. Eine Schande – und im Endeffekt ein Betrug am Kunden, denn der hat ja für ein ganzes Stück Fleisch bezahlt und für den kompletten, gebratenen Langostino. Auch dass vom Fisch nur die Mittelstücke des Filets genommen werden, ärgert mich. Wohin führt denn dieses geometrische Denken? Dorthin, dass wir alle Fischstäbchen braten!

WER, VERDAMMT, WILL IMMER DIESEN GRUSS AUS DER KÜCHE ESSEN?

Es ist ein Phänomen, dass in vielen Restaurants die Snacks, die unaufgefordert am Anfang serviert werden, der Höhepunkt des ganzen Menüs sind. Nachher geht es bergab. Die Vorspeisen sind noch okay, aber beim Hauptgericht haben dann alle keine Lust mehr, der Gast genauso wenig wie der Koch.

Das ist nicht der Sinn der Sache. Ich habe das Gefühl, viele Köche verballern ihre ganze Kreativität in die Happen am Anfang, um den Gast einmal richtig zu beeindrucken.

Aber das reicht nicht. Ein gutes Menü folgt dem Rezept, das der Gründer des *Stern*, Henri Nannen, einmal so formuliert hat: Mit einem Erdbeben anfangen, dann langsam steigern.

Vielleicht ist es aber auch eine Frage der Wahrnehmung. Du kommst megahungrig ins Restaurant und freust dich, dass es endlich etwas zu essen gibt – und dein Reptilienhirn sendet das Signal an den Körper: Endlich Sättigung, Glückshormone ausschütten.

Aber selbst wenn das so ist, kann ich keinem Koch empfehlen, so viele Snacks zu schicken. Selbst bei meinem Lieblingskoch Heinz

**SUPERFRENCHIE:
PARISER GRUNDSYMPATH PASCAL BARBOT**

Reitbauer hatte ich beim letzten Besuch das Gefühl, dass ein Tisch voller Vorspeisen, so großartig sie auch geschmeckt haben, nicht der Weisheit letzter Schluss ist. Ich soll doch bei der Taube, die fünf Gänge später kommt, noch Hunger haben oder wenigstens Appetit.

Da ziehe ich den Hut vor Pascal Barbot. Bei ihm bekommst du nicht mehr als eine Scheibe Brioche mit einer göttlichen Rosmarinbutter. Danach geht das Essen los.

Und das finde ich richtig. Denn ich darf als Gastronom meine Gäste auch nicht überfordern. Aber was mache ich, wenn ich ihnen zwanzig Snacks schicke? Ich verlange so viel Aufmerksamkeit von ihnen, wie sie möglicherweise nach einem langen Arbeitstag gar nicht mehr aufbringen können – und bestimmt gar nicht wollen.

Und dann steht womöglich noch der Kellner daneben und hält dir einen Vortrag, aus welchem Bauerngarten diese oder jene alte Tomatensorte von einer jungfräulichen Erntehelferin gepflückt wurde.

Kann natürlich sein, dass manche Gäste sich vor allem auf das „Feuerwerk zum Beginn" freuen, wie meine Freunde vom *Gault Millau* jetzt vielleicht formulieren würden. Trotzdem bin ich der Meinung, dass weniger mehr ist. Denn man muss auch einmal offen sagen, dass die besagten Snacks vielleicht bei den Top-20-Restaurants der Welt wirklich interessant sind – sonst sind sie eher ein Argument für mich, aufzustehen und dem Kellner zu sagen, dass ich mich geirrt habe, ich habe hier gar nicht reserviert.

GEBT UNS KEIN BROT MEHR VOR DEM ESSEN

Ich liebe Brot. Ich will den Käse nicht ohne Brot essen. Ich esse jeden Tag Brot. Und wenn ich so gutes Brot wie das von der Bäckerei „Joseph" in Wien bekomme, esse ich auch einen Laib Brot pro Tag.

Aber in der Spitzengastronomie geht mir das Brot auf den Wecker. Wozu bekomme ich denn am Anfang eines sechs-, acht-, zwölf-, fünfzehngängigen Menüs noch Brot serviert?

Klar, ein edler Zweck des Restaurantbesuchs ist die Sättigung. Ich habe ja Hunger, wenn ich ins Restaurant gehe, ich will satt werden.

Aber dann nimmt das Verhängnis ganz schnell seinen Lauf. Denn die meisten Gastronomen sind zu langsam. Sie sind nicht in der Lage, so schnell etwas an meinen Tisch zu bringen, dass ich sofort das tun kann, wofür ich gekommen bin: Essen.

Außer Brot.

Im „Steirereck" rücken sie sogar mit einem Brotwagen an, bei dessen Anblick du schon zwei Kilo zunimmst. Wenn du das Angebot auf dem Wagen betrachtest, fragst du dich augenblicklich, warum es im „Steirereck" nicht ein reines Brotmenü gibt.

Aber du bist im Restaurant und nicht in der Backstube. Bekommst deinen Aperitif, musst die Karte studieren und hast Hunger. Was machst du also? Du futterst das Brot, das sie dir bringen, samt der herrlichen Butter oder dem Öl oder was auch immer an Aufstrichen sich auf deinem Tisch befindet. Du futterst ein Brot, zwei Brote, drei Brote, und wenn dann der Kellner kommt, um deine Bestellung aufzunehmen, bist du eigentlich schon satt. Und wenn nach vier Gängen noch ein Hauptgang kommt, schaust du melancholisch den Teller an und sagst: Hätte ich bloß nicht so viel Brot gegessen.

Denn die Dramaturgie unserer Menüs ist absurd. Am Anfang, wenn du hungrig bist, kommen nur kleine Happen, und wenn dich dein Kleinhirn langsam wissen lässt, dass du eigentlich genug gegessen hast, kommen immer größere Portionen. Das führt zum kulinarischen Ermüdungsbruch: Vor dem Hauptgang sind wir alle platt.

Und ein Hauptgrund dafür ist das Brot.

Deshalb gibt es seit ein paar Jahren vor keinem Menü, das ich koche, noch Brot.

Das hat zwar meine Mitarbeiter im Service in blankes Entsetzen gestürzt, weil es mit allen kulinarischen Konventionen bricht. Aber ich breche schließlich nur mit Konventionen, die ich für sinnlos halte.

Denn die Wahrheit ist, dass der Gast bei uns essen möchte. ESSEN. Nicht an winzigen Kostproben herumstudieren, die euphemistisch „Gruß aus der Küche" heißen, sich aber angesichts des Hungergefühls als „Ärger aus der Küche" entpuppen – wer soll von diesen paar Bröseln satt werden?

Ich bin ja sowieso kein Fan vom „Gruß aus der Küche". Aber wenn ich schon einen „Gruß" an den Tisch schicke, muss es ein Gruß sein, den man nicht säuselt, sondern der laut und deutlich zu hören ist. Zum Beispiel eine Frühlingsrolle, die mit einem Kalbskopf gefüllt ist und wenigstens die Größe eines iPhones hat. Alles darunter halte ich für eine Themaverfehlung.

Und dann muss innerhalb nützlicher Frist – das sind für mich maximal fünf Minuten – die erste Vorspeise kommen. Dann fühle ich mich spätestens zehn Minuten, nachdem ich das Restaurant betreten habe, zum ersten Mal wohl. Denn wozu bin ich gekommen? Hat das noch jeder im Blick?

Zum Essen.

Aber antiquierte kulinarische Traditionen schreiben uns ja vor, dass das so sein muss. Denn es kann ja bekanntlich nicht sein, was nicht sein darf – außer wir machen es einfach.

In Toronto habe ich Susur Lee kennengelernt, der sein Menü einfach mit dem Hauptgang begonnen hat. Der Hauptgang ist sowieso die arme Sau unter den Gerichten. Wenn am Ende eines Menüs ein ordentliches Stück Fleisch auf den Tisch kommt, schaut jeder nur zur Decke und seufzt: Wer soll denn das noch essen?

Susur aber hat sich gedacht: Ich gebe meinen Gästen den größten Gang, wenn sie den größten Hunger haben, und wenn dann der erste Heißhunger besiegt ist, machen wir mit dem Genuss in allen Finessen weiter – und beenden das Menü vor dem Dessert mit einem leichten Salat.

Als wir das „Lee Restaurant" im „Hangar-7" präsentierten, waren alle begeistert. Außer natürlich die Sommeliers, die außer sich waren, dass sie den Rotwein vor dem Weißwein servieren mussten. Dabei hilft das dem Gast, den Rotwein ganz anders wahrzunehmen als sonst, wenn er schon sieben Gänge und eine Flasche Weißwein intus hat – nicht zu vergessen das halbe Kilo Brot vom Anfang.

Ich habe im Restaurant kaum jemanden gehabt, der nach Brot gefragt hat. Denn wenn einer fragt, bekommt er natürlich sein Brot. Wie gesagt, ich liebe ja Brot. Aber es hat im Menü nichts verloren.

Und wenn ich an den Brotwagen im „Steirereck" denke, dann fällt mir dazu ein, dass es mir wohl am liebsten wäre, wenn ich zum Abschied am Brotwagen vorbeigehen und sagen dürfte, welches Brot ich mir für morgen mitnehmen möchte. Zum Frühstück.

HAUPTGANG FIRST: SUSUR LEE, TORONTO,
MEISTER DES ABLAUFS

DIE UNSITTE DER PETITS FOURS

Welcher Teufel reitet den Koch, wenn er am Ende eines ausführlichen Menüs, nach dem ersten Dessert, nach dem zweiten Dessert und schließlich – der Gast kriegt den Mund schon kaum mehr auf – zum wohlverdienten Kaffee noch unzählige Petits Fours servieren lässt?

Es gibt keinen Grund, außer dem Patissier eine Beschäftigungstherapie zu verordnen. Denn der Gast ist längst nicht mehr in der Lage, eine gute Praline noch zu genießen. Im Gegenteil: Vielleicht ist diese Praline genau der Tropfen, der das Fass zum Überlaufen bringt, sodass du voll, leicht angetrunken und mit einem überirdischen Schweregefühl das Restaurant verlässt und dir wieder einmal überlegst, ob es wirklich Sinn hat, so viel Geld dafür auszugeben, dass dir jetzt schlecht ist.

Da gefällt mir die Idee von Magnus Ek aus dem „Oaxen": Dort bekommst du in einer schönen Schachtel eine regelrechte Bonbonnière, die du natürlich mitnehmen kannst. Du wirst dich also zu Hause noch einmal über deinen Besuch im „Oaxen" freuen und den

Genuss vielleicht noch mit deinem Partner oder den Kindern teilen können.

Auch René Redzepi hat mir Eindruck gemacht: Bei ihm gab es zum Filterkaffee eine Schwedenbombe, aufgeschlagenes Eiweiß, das mit einer Schokolademasse umhüllt wurde. Ein Stück, basta. Super und keine Überforderung.

Auch Carlo Cracco hat begriffen, was sich der Gast nach einem langen Essen wünscht: Erfrischung (und zwar nicht durch ein Sorbet). Er reichte zum Abschluss hauchdünne Minzplättchen, dünner als Papier, aber extrem stark im Geschmack. Die wurden zwischen hauchdünne Zitronenscheiben gelegt und leicht in Zucker kandiert. Wenn du eines auf die Zunge gelegt hast, ist die Frische mit aller Kraft eingefahren.

Etwas völlig anderes gab es im „Momofuku" in Sydney, das sowieso ein ganz besonders großartiges Lokal ist. Dort bekam ich als Petit Four eine in Honig glacierte Schweineschulter. Von der konntest du dir dann runterzupfen, was du wolltest. Könnte sein, dass das ein etwas männliches Petit Four ist. Aber geschmeckt hat es überirdisch gut.

VERIRRUNG: KULINARISCHES AUSLAUFMODELL PETITS FOURS

WELCHE REGELN KELLNER ENDLICH BRECHEN SOLLEN

Liebe Servicemitarbeiterinnen und -mitarbeiter, ich weiß, wie schwer eure Arbeit ist. Und ich bitte euch, nicht jedes Wort von dem, was jetzt kommt, auf die Goldwaage zu legen. Aber ich habe mir eine Sache vorgestellt: Wenn ich mein eigenes Restaurant eröffne, engagiere ich nur Köche. Ich glaube, dass das besser für die Stimmung im Lokal ist.

Klar klingt das brutal (und ich meine es vielleicht nicht ganz so brutal, wie es hier steht: weil guter Service natürlich genauso wichtig ist wie die gute Küche). Aber ich habe auf eines keine Lust mehr: auf Köche, die den Service draußen als ihren Feind betrachten – und umgekehrt.

Diese idiotische Feindschaft hat in der Gastronomie Tradition, seit in den Fünfziger- oder Sechzigerjahren des letzten Jahrhunderts der Pass aufgestellt wurde: Das ist der Ort, wo die Köche die Teller abgeben, damit die Kellner sie übernehmen und zum Gast tragen können.

Wenn meine Köche sich über „die blöden Kellner" beschwert haben, habe ich sie immer angeschnauzt: „Ich glaube, du bist hier falsch! Du wirst die nächsten drei Wochen im Service arbeiten, damit du einmal merkst, was die aushalten müssen."

Denn der Gast ist nicht immer einfach. Die einen kommen zum Essen, weil sie sich darauf freuen. Sie sind offen und guter Dinge und bringen positive Energie mit. Das sind die, die wir lieben. Aber die anderen kommen mit ihrem Kummer, mit ihrer Arroganz oder mit der klammheimlichen Wut, dass sie so viel Geld für ein Essen ausgeben müssen, um ihrer neuen Flamme zu imponieren.

Der Kellner sieht das auf den ersten Blick. Aber er sitzt in der Falle. Denn wie soll er dem Gast begegnen, den er die nächsten drei, vier Stunden betreuen muss? Er kann ihm schlecht sagen: Entspann dich, Alter, sonst werden wir heute Abend keinen Spaß miteinander haben.

Für mein Gefühl ergeben sich viele Kellner aber zu früh in ihr Schicksal. Zwar gilt die alte Weisheit: Der Gast ist König. Aber das Restaurant ist immer noch unser Schloss und nicht seines.

Ich selbst habe wenig Probleme damit, Gästen meine Meinung zu sagen, wenn sie zu weit gehen. Als zum Beispiel Carlo Cracco als Gastkoch im „Hangar-7" war, kam ein Kellner vom Restaurant zu mir in die Küche und richtete mir aus, was ein Gast, ein Kitzbüheler, mir bestellen ließ, nachdem er den Risotto probiert hatte – einen großartigen, perfekten Risotto, by the way.

„Der Koch soll nach Mailand fahren und noch einmal lernen, wie man Risotto kocht."

Der Kellner schaute betreten auf den Boden, weil er sich so genierte.

Das war dann eine der seltenen Gelegenheiten, wo ich aus der Küche hinauf ins Restaurant musste. Ich ging an den Tisch, stellte mich vor und sagte: „Ich habe jetzt zwei Nachrichten für Sie. Die Erste: Die Rechnung geht auf mich. Die Zweite: Sie bekommen ab jetzt kein Essen mehr, weil ich nämlich nach Mailand fahren muss, zum Risottokochen."

Dann ließ ich sie sitzen. Sie bekamen kein Essen mehr. Vielleicht dachten sie am Anfang noch, dass ich einen Scherz mache. Aber über so ernste Angelegenheiten wie einen Risotto mache ich keine Scherze.

Die Kellner mussten sich viel von ihrem ursprünglichen Handwerk nehmen lassen. Als die Nouvelle Cuisine aufkam, bestimmten die Köche plötzlich, wie Designer, wie ihre Teller auszusehen hatten. Bis dahin war sehr viel vor den Augen des Gastes passiert: Fleisch wurde tranchiert, Fisch filetiert, ein Tartar wurde frisch angemacht, die Crêpes wurden flambiert – bei großen Klassikern wie Benoît Violier sieht man es heute noch so. Aber in den meisten anderen Restaurants würde der Kellner schweißnass zusammenbrechen, wenn ich ihm auftrage: So, mein Lieber, hier ist der gebratene Wolfsbarsch, den wirst du jetzt am Tisch in Stücke zerlegen. Aber wehe, die Filets schauen nicht perfekt aus …

Jetzt passiert etwas ganz anderes. In vielen neuen Restaurants werden gleich die Köche aus der Küche an den Tisch geschickt, um eine Speise aufzutragen und zu erklären. Das transportiert eine ganz neue Form von Glaubwürdigkeit, denn die Köche wissen ja nun wirklich am besten Bescheid, wie ein Gericht zustande gekommen ist. Und es sprengt die klassische Art der Aufteilung zwischen Küche und Service und verbreitet eine ganz andere Stimmung. Kein Wunder, dass diese Innovation aus der Nordic Cuisine gekommen ist. Oder aus Amerika: In Chicago habe ich im „Schwa" – einer winzigen Hütte im Norden der Stadt, in einer Gegend, wo du dir zweimal überlegst, ob du wirklich aus dem Taxi steigen willst – einen fantastischen Abend erlebt, an dem buchstäblich kein einziger Kellner beteiligt war. Es waren nur Köche da. Ein Koch ruft nach dem Taxi. Ein Koch macht dir die Rechnung. Ein Koch bringt dir die Weinflasche. Die Weinflasche geht dann wieder zum anderen Tisch hinüber und zurück, abgerechnet wird Pi mal Daumen. Eine sensationelle Atmosphäre, die ausschließlich von Köchen hergestellt wird. „Magst du einen Weißwein?" – „Ja!" Dann geht der Kollege zum anderen Tisch, holt dir die Flasche, schenkt dir ein. Natürlich herrschte die beste Kommunikation, die du dir vorstellen kannst. Dann gehen sie wieder in die Küche, kochen, richten an und bringen das Essen an deinen Tisch.

No bullshit. Großes Erlebnis.

Es wurde permanent daran gearbeitet, dass der Service die Arbeit der Küche ohne Streuverluste transportieren kann. Bei uns war das besonders wichtig, schließlich waren wir jeden Monat ein neues Lokal, alle Gewissheiten standen auf dem Kopf.

Es gab ein tägliches Briefing mit allen Servicemitarbeitern. Um halb neun bekam jeder eine Aufgabe – „Paul: schwarzer Trüffel", „James: Sojasauce", „Richy: Kombu-Algen" –, dann musste von jedem eine Viertelstunde darüber referiert werden. Auch die Köche mussten das machen und ihre Schüchternheit überwinden, vor anderen Leuten zu reden. Es war ein Drill. Jeder musste alles wissen. Und durfte es doch nicht erzählen.

Denn ich bin der unumstößlichen Meinung, dass im Restaurant zu viel gequasselt wird. Ein Kellner, der zum Gast geht und ihm einen Vortrag über schwarze Trüffel oder Sojasaucen hält, ist fehl am Platz. Der soll seine Vorträge in der Volkshochschule halten. Aber er muss kompetente Antworten geben können, wenn der Gast etwas Spezielles wissen will. Dafür wird der ganze Drill veranstaltet, nicht um irgendwelche Gäste mit unserer Kompetenz zu beeindrucken.

Und warum sollen wir den Gästen noch einmal erklären, was auf ihrem Teller liegt? Steht doch alles auf der Karte. Während wir reden, wird das Essen kalt. Je fortgeschrittener der Abend, desto lauter wird es im Raum, und man muss den Gast anschreien, damit er versteht, was man ihm sagen will. Deshalb finde ich auch die Strategie im „Steirereck" so grandios. Dort bekommst du zu jedem Gericht ein Kärtchen, auf dem ganz genau erklärt wird, wie das Gericht zubereitet wurde, bis in die kleinsten Details. Dann muss der

Kellner dem Gast nicht mit seinem Monolog auf die Nerven gehen.

Es gibt übrigens eine ganze Liste von sogenannten Selbstverständlichkeiten im Service, die ich nicht kapiere.

Wieso braucht man überall eine Tischdecke? Die wenigsten Tischdecken, die ich sehe, sind perfekt gebügelt, und du machst den Gast nur dauernd darauf aufmerksam, dass er schon wieder gekleckert hat.

Wieso muss der Kellner, jedes Mal wenn ich aufstehe, eine neue Serviette auf meinen Platz legen? Das ist doch nur ein unsinniger Mehraufwand, der keinem Menschen eine Freude macht. Eher ein schlechtes Gewissen.

Oder das permanente Zuviel an Angebot und Expertise. Wer will denn schon nach einem zehngängigen Essen noch einen Vortrag über zwanzig verschiedene Kaffeebohnen und Röstmethoden hören?

Ein guter Kellner soll den Gast einfach nur kapieren. Er muss spüren, ob der Gast reden oder zuhören möchte. Er muss sensibel genug sein, niemandem sein Wissen aufzudrängen.

Und er bricht idealerweise die Regeln, die es zwar gibt, die aber meines Erachtens völlig sinnlos sind: Serviert bitte meinen Teller ab, auch wenn am Tisch noch gegessen wird. Warum muss ich, bloß weil jemand mit seinem Risotto nicht weiterkommt, ewig lang vor dem schmutzigen Teller sitzen?

Er muss mir auch nicht von links den Wein nachschenken und schon gar nicht dabei die Hand am Rücken halten – wir sind ja nicht im Ballettunterricht. Überhaupt darf mir ein Kellner, der mich charmant anlächelt und weiß, mit welchem Scherz er mein Herz gewinnt, auch den Wein über die Hose schütten, weil ich Charme um so viel wichtiger finde als Geschicklichkeit. Ein sympathischer, charmanter Kellner macht mich glücklich, auch wenn er Fehler macht. Ein Superprofi, der sich den ganzen Abend lang keinen Fehler erlaubt, dabei aber ein Arschloch ist, verdirbt mir hingegen den ganzen Genuss.

DREISTERNKOCH: HEINZ REITBAUER, WIEN, UNTERBEWERTET

Deshalb denke ich auch, ich brauche in meinem Restaurant keinen gelernten Kellner. Ich wüsste nämlich genau, wo ich meine Mitarbeiter engagiere. Zum Beispiel gibt es beim Hagebaumarkt einen Verkäufer, der ist der Wahnsinn: Der geht so kompetent auf Menschen zu, liest einem die Wünsche von den Augen ab und macht in der grausamen Umgebung eines Baumarkts eine Superstimmung. Dem bringe ich locker bei, wie er zwei Teller zu tragen hat – aber das Wichtigste kann er schon: Menschen das Gefühl vermitteln, dass sie willkommen sind.

Im Rewe-Markt arbeitet eine junge Frau in der Gemüseabteilung, die ich auch sofort als Kellnerin einstellen würde. Wenn ich mit meinem Sohn einkaufen gehe, schenkt sie ihm immer eine Banane oder eine Kirsche oder eine Zwetschge – so aufmerksam und auch so klug. Denn sie kann sich ja denken, dass der Bub mir immer in den Ohren liegt, dass wir zum Rewe-Markt gehen sollen. Sie wäre eine ideale Kellnerin für mich.

Diese sympathische Leichtigkeit, die unverdorbene Offenheit, die instinktive Art, Menschen so zu begegnen, wie die es am liebsten haben: Das macht einen guten Kellner aus. Und genau das wird den jungen Menschen in der Schule oft abtrainiert, wenn der Fokus auf nebensächliche Regeln, die einem noch dazu kein Mensch erklären kann, gelegt wird.

GEBT MIR ETWAS ANDERES ZU TRINKEN ALS WEIN.
UND HALTET MIR DIE SOMMELIERS VOM LEIB!

Es gibt in der Spitzengastronomie unumstößliche Gesetze, die mir überhaupt nicht einleuchten. Eines dieser Gesetze besagt, dass jedes Menü Gang für Gang mit Wein begleitet werden muss.

Ich habe nichts gegen Wein. Meine Großeltern waren Weinbauern, und ich habe sogar, bevor ich mich bei Eckart Witzigmann bewarb, selbst eine Sommelierausbildung gemacht.

Umso mehr stört es mich, dass zwischen dem Winzer, der ganz sicher mit Passion und Leidenschaft seinen Wein herstellt, und dem Gast, der dafür gern Geld ausgeben möchte, oft sogar ziemlich viel Geld, so viele inkompetente Menschen ihre Finger im Spiel haben.

Damit meine ich die Sommeliers. Nicht alle, klar, weil es natürlich auch in dieser Berufsgruppe großartige Könner gibt, aber ziemlich viele.

Denn viele Sommeliers haben nichts anderes im Kopf, als dem Gast vorzuführen, wie enorm ihr Wissen ist. Sie servieren Weine und halten darüber Vorträge, ganz egal, ob es den Gast interessiert oder nicht. Für mich fällt das ganz eindeutig in die Kategorie „Belästigung des Gastes", Teil eins.

Mindestens genauso ärgerlich ist die Ignoranz vieler Sommeliers gegenüber Gästen, die keine Lust haben, Wein zu trinken. Wie oft habe ich den Sommelier in einem großen, teuren Restaurant darum gebeten, mir statt Wein eine Getränkebegleitung ohne Alkohol zusammenzustellen – und der gute Mann hat sich voll Abscheu abgewandt und ward den ganzen Abend lang nicht mehr gesehen.

Ein Sommelier hat sich aber nicht voll Abscheu von mir abzuwenden und mir als Alternative zum Wein einen Orangensaft bringen zu lassen. Dafür bezahle ich ihn nicht. Ich bezahle ihn auch nicht dafür, mir einen sauteuren Wein einzuschenken und mich für einen Idioten zu halten, wenn ich ihm sage, dass mir der Wein nicht schmeckt. Und ganz sicher bezahle ich ihn nicht dafür, dass mir der Sommelier sagt, dass ohne Wein einfach keine Restaurantkultur möglich ist, wie er sie sich vorstellt – denn das Gegenteil ist der Fall.

Derzeit befindet sich der Gast, der keinen Wein trinken möchte, in der gleichen Situation wie ein Vegetarier vor dreißig Jahren, wenn er in ein Spitzenrestaurant gegangen ist und sagte: Bitte das Menü, aber ich esse kein Fleisch. Damals hat er einfach die Beilagen bekommen, statt der Garnelen ein hart gekochtes Ei auf den Salat und statt des Filets ein Spiegelei.

Heute bekommst du, wenn du rechtzeitig vorbestellt hast, problemlos ein achtgängiges veganes Menü. Wenige Küchenchefs würden sich das Recht herausnehmen, einem Veganer zu sagen: Geh hinaus auf die Wiese und friss das Gras. Der Sommelier aber stellt dich kalten Arsches vor die Wahl, ob du statt seines Weins ein Glas Wasser haben möchtest.

Ein moderner Sommelier hat nicht das Recht, sich nur für Wein zu interessieren. Er hat sich für alles zu interessieren, was einem Gast den Aufenthalt in seinem Restaurant möglichst unvergesslich macht. Er muss Säfte ausprobieren, Tees, Infusionen, Cocktails, von mir aus auch verschiedene Biere und Mixgetränke (wenn die Vorgabe lautet: kein Wein, aber nicht unbedingt kein Alkohol).

Ich weiß, was Sommeliers an dieser Stelle gern sagen: Der hohe Wareneinsatz in der Spitzengastronomie ist der Wahnsinn, und dass die Kalkulation der Weine dabei hilft, auf die notwendigen Umsätze zu kommen.

Darauf antworte ich allerdings: Es geht mir doch nicht ums Geld, Freunde. Ich zahle mit größter Freude für eine alkoholfreie Getränkebegleitung denselben Preis wie für die ausgesuchten Weine. Wir – die Gäste – sind doch bereit, jedes außergewöhnliche Erlebnis angemessen zu bezahlen. Benutzt uns – die Gäste – bloß nicht als Ausrede, wenn in Wahrheit ihr – die Sommeliers – zu bequem seid, um etwas Neues zu entwickeln.

Es gibt sie nämlich, die Sommeliers, von deren selbstverständlicher Vielseitigkeit jeder ausschließlich auf Wein fixierte Pseudosommelier etwas lernen könnte. Ein gutes Beispiel ist Justin Leone, der glücklicherweise im „Tantris" arbeitet, sein Handwerk aber in Chicago bei Grant Achatz gelernt hatte. Er verkörpert für mich nicht nur den Kenner verschiedener Weinphilosophien, sondern hat auch überhaupt kein Problem damit, sich zum Essen von Hans Haas großartige Alternativen auszudenken. Auch der junge René Antrag im Wiener „Steirereck" macht einen außerordentlich guten und modernen Job, und wenn Stéphane Thuriot vom Münchner „Königshof" über Wein spricht, finde sogar ich das plötzlich interessant. Die Weinkompetenz ist bei diesen Sommeliers – und bei den anderen Ausnahmen von meiner pauschalen Sommelierkritik – selbstverständlich vorhanden, aber sie ist um soziale Intelligenz und um eine enorme Neugier und Innovationsbereitschaft erweitert.

Justin hat zum Beispiel bei Grant die ganze klassische Abfolge über den Haufen geschmissen. Nicht mit Champagner begonnen, nicht mit dem leichten Weißwein weitergemacht, bis schließlich die rote Alkohol- und Tanninbombe auf dem Tisch steht.

Statt Champagner kam zum Beispiel ein Sake, anschließend eine Infusion, weil sie perfekt zum Gericht passte. Dann, zu einem

Tomatengericht, stand eine Bloody Mary da, die natürlich besser dazu passt als jeder Wein.

Wenn ich ein Gericht mit Thunfisch und Roter Bete koche, kann ich sicher einen guten Weißwein dazu reichen – aber kein Weißwein wird so gut passen wie ein Rote-Bete-Saft, den ich mit Yuzusaft gemischt habe.

Auch Bier ist ein Riesenthema. Bier spricht unter den fünf Grundgeschmäcken besonders das Bittere gut an und erlaubt ganz unwahrscheinliche Kombinationen.

Wenn du als Sommelier nur an Wein denkst, wirst du nie so virtuos auf der Geschmacksklaviatur spielen können. Ich habe im „Hangar-7" einiges an Energie darauf verwendet, den Gastronomieleiter und die Sommeliers von dieser Erweiterung ihres Einflussbereichs zu überzeugen. Es hat einige Zeit gedauert, bis sie erkannten, wie spannend das Thema ist. Dann aber haben sie sich richtig in die Thematik vertieft und angefangen, dem Gast neue Angebot zu machen. Die wichtigste Botschaft dabei war: Wir können nicht nur eine Flasche aufmachen. Wir können selbst kreieren.

Viele Leute – besonders Sommeliers natürlich – glauben, dass ich ein Weingegner bin. Aber das stimmt nicht. Ich bin nur ein Gegner von allen, die ihre Arbeit nicht gut machen.

WARUM ICH COCKTAILS ZUM ESSEN LIEBE

Dieses Kapitel widme ich allen spießigen Sommeliers. Denn – hallo, Jungs – es gibt mehr als Wein.

Das habe ich übrigens schon intuitiv am Anfang meiner Karriere begriffen. Aber da war die Welt noch ganz konventionell aufgeteilt. Hier der Küchenchef, der sich um das Essen kümmert. Dort der Sommelier, der den Wein dazu aussucht. Als ob man nicht viel mehr Möglichkeiten hätte, dem Gast eine Freude zu machen. Aber immer wieder die gleichen Flaschen aus der Wachau oder dem Burgund oder dem Sonoma County.

Dann verschlug es mich zu Ryan Clift in den „Tippling Club" in Singapur. Was dort abgeht, ist einfach sensationell. Denn Ryan gibt jedem Gericht die Begleitung, die sich das Gericht verdient. Er arbeitet dazu ganz eng mit seinem Barchef zusammen. Gemeinsam kreieren die beiden Cocktails, die optisch und geschmacklich perfekt zum Gericht passen, sodass du gar nicht auf die Idee kommst, der Cocktail sei eine originelle Getränkebegleitung. Nirgendwo sonst habe ich eine so intensive Zusammenarbeit gesehen.

Und ja: Wenn ich jetzt ein Gericht mit Kartoffeln, Stabmuscheln und Petersilie serviere, passt wahrscheinlich ein Weißwein am besten dazu. Aber es gibt unendlich viele Gerichte, zu denen ein Cocktail besser, interessanter und komplexer ist, vor allem Gerichte, deren Schärfe, Süße oder kräftige Würzung jeden Wein alt aussehen lassen.

Als Ryan Clift im „Hangar-7" zu Gast war, haben wir das einzige Mal vor dem Restauranteingang eine kleine Bar aufgebaut, wo die Cocktails gemixt und serviert wurden. Das kam so gut an, dass es mich ehrlich wundert, warum nicht schon viel mehr Gastronomen auf den Zug aufgesprungen sind.

Speziell Köche würden sich gut als Barkeeper eignen. Denn ihr Lebensmittel- und Produktwissen prädestiniert sie dazu, gute Ergänzungen oder Kontraste zu einzelnen Gerichten zu komponieren. Natürlich müssten diese Cocktails nicht unbedingt mit Alkohol gemischt werden, sondern könnten sich in jede Richtung ausdehnen. Erlaubt ist, was schmeckt – und unterhält.

COCKTAILCHAMP: RYAN CLIFT,
SINGAPUR, SCHRECKEN DER SOMMELIERS

WARUM DER KAFFEE IM SPITZENRESTAURANT IMMER SO SCHLECHT IST

Ich bin Italiener. Ich liebe es, nach einem ausführlichen Essen einen Espresso zu trinken. Andere nehmen einen Schnaps, wieder andere rauchen eine Zigarre – mir macht man mit einem guten Espresso die letzte große Freude des Abends.

Natürlich nur, wenn dieser Espresso seinen Namen verdient. Im „Noma" geben sie dir einen Filterkaffee, weil die Espressomaschine nicht in ihr regionales Konzept passen will. Das finde ich zwar konsequent, aber der Kaffee schmeckt mir trotzdem nicht.

Aber die Plörre aus dem „Noma" ist mir immer noch lieber als eine Kaffeekarte, aus der ich dann zu guter Letzt noch meinen Espresso aussuchen muss. Da habe ich vielleicht schon zwanzig Snacks intus, von denen ich mich gerade noch an zwei erinnere, und jetzt muss ich mir noch einmal einen Vortrag über Bohnenherkunft und Röstkultur anhören? Bitte nicht.

Mein Vorschlag: Serviert mir den besten Kaffee, den ihr machen könnt. Bemüht euch. Ich weiß, dass der Kaffee niemals so gut sein wird wie in der „Autogrill"-Raststation auf dem Brenner, wo täglich dreitausend Espressi aus der Maschine fließen. Denn dort steht ein Barista, der dreitausend Tassen Kaffee am Tag produziert und – wie die Sushimeister und Dim-Sum-Falter – nichts anderes. Deshalb weiß er, wie man Espresso macht. In den Spitzenrestaurants liegt die Zuständigkeit für den Kaffee beim schwächsten Glied in der Kette: beim Lehrling. Denn niemand nimmt die Kunst, einen guten Kaffee zu servieren, so ernst wie die Kunst, einen Snack zu kreieren. Deshalb taugt der Kaffee nur selten etwas, und viele Gastronomen sind inzwischen auf Nespresso umgestiegen. Denn damit kann jeder Depp einen einigermaßen brauchbaren Kaffee machen.

Niemand aber macht so guten Kaffee wie Davide Scabin vom „Combal.Zero" in Rivoli. Er ist für mich ein Philosoph der Küche. Davide kann dir von einem Kaffee schon so erzählen, dass du ihn riechst und schmeckst. Seine Maschine wurde von einem ausgewiesenen Spezialisten, Roberto Messineo, aufgestellt und kalibriert. Roberto lebt für den Kaffee. Er hat für Davide ein Gerät entwickelt, in dem immer derselbe Druck herrscht, sodass jeder Kaffee gleich schmeckt.

Nie habe ich einen besseren Kaffee bekommen als diesen. Oft habe ich mehr bezahlt, aber besser war keiner. Es lohnt sich auch wegen des Essens, nach Rivoli zu fahren. Aber die Reise lohnt sich auch, wenn man nur einen Kaffee trinken geht.

ABER GEBT DEN RAUCHERN EINE CHANCE

In der ganzen Welt wird in Restaurants nicht mehr geraucht. Nur die Österreicher bringen das nicht in angemessener Frist auf die Reihe.

Gleichzeitig tue ich mir schwer damit, Menschen etwas zu verbieten, was sie offensichtlich genießen. In China und Japan habe ich erlebt, dass Menschen nicht nur *nach* dem Essen, sondern auch *während* des Essens geraucht haben – nicht zwischen den einzelnen Gängen, sondern während sie ihre Suppe gelöffelt oder ihre Sushi gegessen haben.

Das finde ich nicht gut, auch wenn ich bis vor fünf Jahren selbst geraucht habe (und nicht verstehen kann, warum, und warum ich nicht viel früher damit aufgehört habe). Gleichzeitig macht mich jedes Verbot misstrauisch, denn wer weiß, vielleicht wird demnächst auch verboten, dass man im Hotel vögelt, weil sich andere Gäste davon gestört fühlen könnten. Kann ja alles passieren.

Vor allem finde ich, dass man rauchende Gäste nicht einfach auf die Straße schicken kann. Ein Dreisternrestaurant, in dem jeder

Gast Hunderte Euro für sein Menü bezahlt, kann den Gast, der eine Zigarette rauchen will, nicht einfach hinaus in den Novemberregen stellen. Im „Hangar-7" hatten wir eine Lounge, wo geraucht werden durfte. Das finde ich die eleganteste Lösung.

Manchmal versuche ich noch, eine Zigarre zu rauchen. Alvin Leung in Hongkong hat mich einmal in einen wunderschönen Zigarrenclub mitgenommen, wo ich es wieder einmal mit einer kleinen Havanna probiert habe – keine Chance, später am Abend hänge ich über der Kloschüssel und muss kotzen. Tags darauf habe ich dann das Gefühl, als ob ich einen fünfzig Jahre alten Teppich gefressen habe. Und dann kriege ich auch noch Durchfall. Definitiv ein paar Gründe zu viel, um gleich die nächste Havanna zu probieren.

Aber ich betrachte die Zigarrenraucher mit einem gewissen Neid, denn sie scheinen ihre Passion wirklich zu genießen. Das ist mit Pfeifenrauchern anders. Die sind die Veganer unter den Rauchern, unglaublich egoistisch, weil sie mit dem penetranten Geruch ihres Tabaks die Welt für alle anderen Menschen unbewohnbar machen.

DAS SALATBUFFET WIDERSTEHT JEDER VERÄNDERUNG

Ich habe vor dreißig Jahren meine Kochlehre gemacht. Was sich in diesen dreißig Jahren alles verändert hat: Handys, Computer, Autos, Mode – wie haben wir vor dreißig Jahren ausgesehen? Jeder muss über seine Fotos von damals schmunzeln.

Auch am Essen hat sich Grundlegendes verändert. Die Hochküche galoppiert in die Zukunft. Die Ethnoküchen holen die Welt zu uns. Die einzige Konstante, die seit dreißig Jahren unverändert blieb, ist das Salatbuffet in den Viersternehotels.

Die in Scheiben geschnittenen Gurken mit Sauerrahm und Dill. Die geraspelten Karotten. Der Lollo rosso. Der Dosenmais. Die Kidneybohnen aus der Dose. Alles in Schüsseln oder Behältern, die auch schon dreißig Jahre alt sind. An der Seite stehen drei oder vier verschiedene Vinaigrettes – eine Joghurtsauce, eine Balsamico-Vinaigrette und ein French Dressing. Daneben noch die Glasschälchen mit Kürbiskernen, mit Brotcroûtons, mit Petersilie (die wahrscheinlich schon am Vortag gehackt wurde), mit rohen Zwiebeln. Und dann denke ich mir immer, zum Glück gibt es auf dieser Welt noch Orte, wo die Zeit stehen geblieben ist.

Im Ernst: Wieso schaut sich kein Hotelier etwas von den Asiaten ab? Wieso kommt nicht eine schöne Salatschüssel mitten auf den Tisch, für alle? Frisch angemacht, jeden Tag anders. Wieso wird der Gast dazu gezwungen, kaum dass er sich zum Essen gesetzt hat, wieder aufzustehen und sich den Salat von der Scheißtheke zu holen? Die „Falkensteiner Hotels", selbst Meister des Salatbuffets, benutzen den Slogan: „Feel like home". Fühle ich mich zu Hause, wenn ich zum Salatbuffet gehen muss? Nein, ich fühle mich zu Hause, wenn die Salatschüssel mitten auf dem Tisch steht.

Bitte, liebe Hoteliers: Lernt etwas dazu. Befreit mich von meiner Vergangenheit am Salatbuffet.

WARUM DAS KOCHEN HANDWERK UND NICHT KUNST IST

Kochen ist Handwerk. Es gibt vielleicht Köche, die sich als Künstler sehen, aber ich behaupte: Kochen ist keine Kunst, sondern ein Handwerk.

Ein wahres Kunstwerk braucht Zeit. Es wächst. Es muss der sich verändernden Betrachtung standhalten. Du musst darin versinken können. Es muss eine ganze Welt vielfältiger Assoziationen eröffnen. Es muss dich berühren. Es muss dich verändern.

Ich fürchte, dass Köche, die sich für Künstler halten, auf dem falschen Dampfer sind. Denn der handwerkliche Aspekt meines Berufs sieht zwar den kreativen Moment vor, aber der Einfall allein bedeutet noch gar nichts. Um ein guter Koch zu sein, musst du deine Ideen regelmäßig in einer stabilen Qualität umsetzen können. Auch ein Möbeldesigner muss schließlich einen genialen kreativen Moment haben, um einen außergewöhnlichen Stuhl zu bauen. Aber er steht immer noch unter dem Zwang, dass man auf seinem Stuhl bequem sitzen können muss.

Ich habe nach meinem Abschied vom „Hangar-7" gemerkt, dass mich andere Handwerksdisziplinen interessieren. Deshalb habe ich begonnen, Praktika bei einem Tischler, einem Schneider und einem Bildhauer zu machen, zuerst ohne Hintergedanken, dann mit der plötzlichen Einsicht, dass ich aus den Gemeinsamkeiten in den Disziplinen auch über meinen Beruf, das Kochen, etwas erfahre.

Beim Kochen ist das Lebensmittel der Ausgangspunkt, wie es das Holz beim Tischler und beim Schnitzer ist und das Leder beim Schneider. Für uns Köche mag es selbstverständlich sein, dass man nur aus wunderbaren Grundprodukten auch ein gutes Essen kochen kann. Für den Tischler besteht die Grundlage seines Gestaltens darin, dass er für einen Tisch ewig lang Ausschau nach dem perfekten Holz hält. Schließlich wird sich sein Kunde die Maserung des Holzes unendlich oft anschauen. Er wird mit der Hand die Oberfläche des Tisches streicheln, als ob er eine Liebesbeziehung zu ihm hat – und die Beziehung wird auf Dauer angelegt sein.

Das ist der Moment, wo man als Koch durchaus in eine Depression verfallen könnte: beim Gedanken, was aus unseren Werkstücken wird und wo sie landen.

Das ändert aber nichts an der Sorgfalt in der Auswahl des Materials. Sie ist mir auch beim Prüfen des Leders begegnet, das der Schneider aussucht, um daraus eine Jacke, eine Hose oder ein paar Handschuhe zuzuschneiden. Die Ehrfurcht vor dem, was die Natur uns gibt, ist allen Berufen gemeinsam.

Und dieser Respekt ist für mich wiederum ein Anreiz, noch genauer hinzuschauen, welche Produkte ich hernehme, um ein Gericht zu kochen, wo ich sie hernehme, warum ich sie hernehme. Das Handwerkliche und das Spirituelle hängen dabei untrennbar zusammen.

Wenn zum Beispiel André Chiang aus Singapur seine Schalen für das Gemüse aus Ton modelliert und selbst brennt, dann ist das einerseits sein Hobby. Aber seine Feinfühligkeit überträgt sich selbstverständlich auf seine Gerichte – oder sagen wir besser: sein Fingerspitzengefühl.

Und wenn Kolja Kleeberg – der kein Gastkoch von mir war, den ich aber ganz besonders schätze – ein begnadeter Schauspieler und Sänger ist, dann übertragen sich die Musikalität und der Witz auch darauf, wie er kocht.

Sagen wir also so: Kochen ist die Kunst, alle Facetten des Handwerks in einem Gericht zu vereinen.

WANN KÖCHE BERÜHMT WERDEN
UND WARUM BERÜHMTE KÖCHE SELTEN KOCHEN KÖNNEN

Es gab eine Zeit, als man in Restaurants ging und nicht zu bestimmten Köchen. In den Urzeiten der Gastronomie war ja der Koch ein Phantom, stets unsichtbar in den Katakomben der Küche, und der Maître verkörperte das Lokal – und heimste, wenn es ein gutes Lokal war, auch den Ruhm ein.

Aber dann kam das Fernsehen, und inzwischen sind viele Köche zu regelrechten Popstars aufgestiegen. Die ganze Kochszene wurde von heute auf morgen von einem riesigen Hype erfasst. Hype bedeutet Aufmerksamkeit, aber auch Überhitzung und Wahnsinn. Und plötzlich gibt es Köche, die nicht mehr mit ihrem Know-how, ihrem perfekt beherrschten Handwerk glänzen, sondern einfach damit, dass sie witzig sind, eine große Klappe haben und irgendwelche philosophischen Geschichten erzählen können. Massimo Bottura ist dafür das beste Beispiel, aber auch Alvin Leung oder Anatoly Komm. Das sind Typen, die dir eine großartige Geschichte nach der anderen erzählen, und du denkst dir: Wahnsinn! Wenn sie so gut kochen, wie sie Geschichten erzählen, dann sind sie echte

Weltmeister. Aber wenn du dann bei ihnen isst, wünschst du dir statt des nächsten Gangs manchmal eine neue Geschichte.

Was nicht heißt, dass sie nicht erfolgreich sind. Massimo Bottura, ein wahnsinnig netter und unterhaltsamer Mensch, wurde im letzten Jahr auf der „The World's 50 Best Chefs"-Liste zum zweitbesten Koch der Welt gewählt. Dort gehört er aber, mit Verlaub, wirklich nicht hin, wenn man ihn allein an seinen Gerichten misst.

Ich fürchte, dass viele junge Köche aber genau das vor Augen haben: Wie werde ich möglichst schnell zum Star? Wie komme ich möglichst schnell ins Fernsehen? Und sie kommen dann in einen Job, der hart ist und viele Herausforderungen bietet, die gar nicht glamourös sind. Diesen Job müssen sie dann erst einmal lernen, und sie müssen auch lernen, dass es die Wirklichkeit, die sie im Fernsehen gesehen haben, so gar nicht gibt.

Die Anerkennung der Öffentlichkeit ist eine vergängliche Währung. Die einzige Anerkennung, die für einen Koch wirklich wichtig ist, ist die seiner Gäste.

Manchmal passt das auch zusammen. Peter Goosens zum Beispiel ist in Belgien ein Fernsehkoch und hat gleichzeitig vier Restaurants. Nun hat jeder Fernsehkoch, der auch ein Restaurant betreibt, die Hütte voll – das ist eine der Kollateralwirkungen dieses Systems, was über die Qualität des jeweiligen Restaurants aber natürlich gar nichts sagt. Die Restaurants von Peter Goosens sind auch zum Brechen voll – und sie waren auch gut, die hätten den TV-Ruhm des Patrons gar nicht nötig gehabt.

Aber telegen zu sein ist eine Eigenschaft, die mit der Qualität als Koch gar nichts zu tun hat. Es ist eher ein Zufall, wenn ein super Koch – dazu zähle ich auch Ralf Zacherl, Frank Rosin oder Cornelia Poletto – gut über den Bildschirm kommt. Die Wirklichkeit findet aber anderswo statt: in den Katakomben der Küche. **JEDEN TAG. JEDEN ABEND.**

KOCHSHOWS SIND BESSER ALS IHR RUF.
NICHT ALLE, ABER VIELE

Es gibt viel zu viele Kochshows. Aber es muss einen Grund geben, warum es so viele gibt. Weil sie nämlich funktionieren.

Typen wie Jamie Oliver sind von unserer Zunft immer belächelt worden. Dabei kann er etwas, was viel wichtiger ist, als komplizierte Gerichte in die Welt stemmen – er kann die Freude am Kochen vermitteln. Dafür müssen wir ihm ewig dankbar sein, denn Jamie Oliver hat das Kochen wieder salonfähig gemacht und dafür gesorgt, dass auch junge Leute Kochen wieder cool finden. Dadurch sind letztlich auch wir Köche noch einmal cooler geworden. Das ist alles das Verdienst von Jamie Oliver.

Und wenn wir deutsches Fernsehen einschalten, dann ist der verdienstvollste Mann Tim Mälzer. Tim Mälzer wurde genauso belächelt wie Jamie Oliver, aber vor ihm ziehe ich hiermit den Hut. Denn er schafft es, Menschen mitzureißen, auch wenn er immer tiefstapelt: „Ich bin kein Sternekoch." Aber auch ohne Sterne ist Mälzer grandios, seine Fähigkeit, aus der Hüfte etwas Anständiges zu kochen, ist grandios, und wie er Gerichte abschmecken kann, ist jeden Stern wert, nicht nur einen vom *Michelin*.

MARKETINGGENIE: ALVING LEUNG, HONGKONG, MANN FÜR DIE ERSTE REIHE

Die Shows dieser beiden Kollegen finde ich großartig. Sie erreichen auch die Menschen, die dann unsere Restaurants besuchen. Menschen, die Kochen cool finden und die in Gesellschaft ein cooles Erlebnis haben wollen. Wenn TV-Shows diese Wirkung haben, dann kann es gar nicht genug von ihnen geben.

Aber natürlich gibt es auch jede Menge anderer Köche, die sich regelmäßig im Fernsehen zeigen und dort nicht die gleiche Leidenschaft entfachen wie Jamie oder Tim. Dabei dürfen sie sich im Gegensatz zu diesen beiden sogar Sterneköche nennen. Nun ist es

mir natürlich völlig egal, ob ich im Fernsehen von einem Sternekoch oder Nicht-Sternekoch etwas über gutes Essen erfahre. Aber meine Erfahrung zeigt, dass mir bei den älteren Semestern unter den TV-Köchen eher die Füße einschlafen, als dass ich riesige Lust aufs Kochen kriege.

Mir fallen aber ein paar Fragen an die Inhaber von Sternerestaurants ein, die gern im Fernsehen auftreten: Wie geht das eigentlich? Wer kontrolliert die Qualität der Küche, während sie im Fernsehstudio sind? Was für eine Wirkung haben die TV-Auftritte aufs Geschäft? Kann man überhaupt noch anspruchsvoll kochen, wenn man immer nur die einfache, bodenständige Küche predigt? Enttäuscht man auf diese Weise seine Gäste nicht zwangsläufig?

Und, noch wichtiger: Übernimmt man als Fernsehkoch nicht auch eine gewisse Verantwortung? Jamie Oliver und Tim Mälzer legen sich ja nicht zufällig für gesunde, frische Ernährung ins Zeug, sie münzen ihre Popularität nicht nur in ökonomischen Erfolg, sondern auch in gesellschaftliche Relevanz um. Wie ist das denn bei Ihnen, liebe Kollegen, wenn Sie im Fernsehen gute, frische Küche predigen und im Supermarkt für irgendwelches minderwertige Convenience Food werben, bloß weil Ihnen deren Hersteller einen dicken Scheck über den Tisch geschoben haben? Wissen Sie nicht, wie man das buchstabiert: V-e-r-a-n-t-w-o-r-t-u-n-g?

Ich selbst mag die Kamera. Wir haben im „Hangar-7" Monat für Monat Kochshows mit unseren Gastköchen gedreht, und ich bin gut in die Rolle des Hosts hineingewachsen. Manche Köche haben es auch gebraucht, dass ihnen jemand Fragen stellt und sie behutsam in den Mittelpunkt rückt. Andere, zum Beispiel Massimo Bottura oder Alvin Leung, waren gewaltige Rampensäue, die haben nur ihr Mikrofon und die Kamera gebraucht und keinen Nebendarsteller, der ihnen Fragen stellt. Von ihnen habe ich gelernt, sowohl Rampensau, als auch Nebendarsteller zu sein. Alles zu seiner Zeit.

KANN EIN KOCH, DER SICH SCHLECHT ANZIEHT, SCHÖNE TELLER ANRICHTEN?

EHER NICHT

Eine Frage, auf die ich viel zu oft keine Antwort bekomme, betrifft die Ästhetik. Wie kann es sein, dass in einem Beruf, wo Ästhetik eine so große Rolle spielt wie in der Gastronomie, so viele Köche angezogen sind, als hätten sie keinen Spiegel zu Hause?

Aber machen wir es umgekehrt: Loben wir die, denen klar ist, wie sie sich anziehen müssen, welche Farben zusammenpassen, welcher Schnitt ihnen steht, was für ein Schuh getragen werden muss, wie ein Gürtel auf die Schuhe abgestimmt wird, wie ein Seidentuch ins Sakko gesteckt wird. Einen Andreas Caminada, der zu jeder Tageszeit elegant aussieht. Einen Sergio Herman, dessen Style so souverän und selbstverständlich ist, dass nichts daran rütteln kann. Einen Carlo Cracco, der sich lässig und gleichzeitig wunderbar elegant kleidet.

Man kann schon davon ausgehen, dass die modebewussten unter den Köchen auch die sind, deren Teller am schönsten angerichtet werden. Sie beherrschen das Wichtigste: die Leichtigkeit, mit der man Formen und Farben zu etwas Neuem, Harmonischem kombiniert.

Denn genauso, wie du es merkst, wenn sich jemand mühsam in Schale geworfen hat, merkst du es auch an den Tellern, dass sich gerade jemand beim Anrichten das Handgelenk verstaucht hat.

Für mich ist ein gewisses Modebewusstsein eine Voraussetzung für einen großen Koch. Wobei es natürlich dem Betrachter überlassen bleibt, zerrissene Jeans und eine kurze, grüne Lederjacke als Ausdruck von Modebewusstsein zu interpretieren oder als Griff in die Altkleiderkiste.

GRUNDELEGANZ: DER SCHWEIZER SYMPATHIEWELTMEISTER ANDREAS CAMINADA

LASST DAS STREETFOOD IN ASIEN

UND GEBT MIR EINE GUTE CURRYWURST

So wie mich das Thema Regionalität als Trend nervt, so nervt mich auch das Thema Streetfood. Und das Thema Foodtrucks. Plötzlich fahren alle unheimlich auf die bunten Foodtrucks ab, auch wenn nur in jedem zehnten etwas einigermaßen Brauchbares gekocht wird. Um schlecht zu essen, brauche ich aber keinen Foodtruck, da kann ich gleich zu einem Würstelstand gehen und mir die schlechteste Fleischqualität, die man auf der Welt kaufen kann, mit scharfem Senf bestellen.

Nun aber gibt es plötzlich überall Streetfood-Meilen und -feste und -veranstaltungen.

Schon gut. Ich liebe das Essen, das in Südostasien auf der Straße gekocht und serviert wird. Aber du darfst nicht gleichzeitig so tun, als hättest du gerade deine frischen Ingredienzien vom Markt geholt und kochst jetzt auf einem Bunsenbrenner drauflos, und gleichzeitig musst du dieselben Hygienemaßstäbe und Allergieverordnungen anlegen wie jedes andere Restaurant. Das ist ganz schön unsexy.

Streetfood, wie es in Vietnam oder in Thailand gekocht wird, kannst du in Europa nicht herstellen. Dafür fehlen uns die Produkte, das Klima und die Kultur. In Asien siehst du die Menschen rund um die Uhr essen. Immer hockt jemand da und isst sein Curry oder was gerade im Wok ist. Ständig kommt jemand um die Ecke und bringt neues Essen. Selbst auf den Flüssen kommen Boote angefahren, die dir etwas zu essen verkaufen wollen. Bei uns kannst du außerhalb der Essenszeiten den Bunsenbrenner abstellen.

Und noch etwas: Natürlich gibt es auf den Straßen Asiens nicht nur gutes Zeug zu essen. Heinz von Holzen, dieser wahnsinnige Pionier der Küche auf Bali, hat mir erklärt, dass in Indonesien – im Gegensatz zu Thailand und Vietnam, wo man überwiegend sicher isst – Dumplings mit Formalin gestreckt werden, weil das Fleisch damit haltbarer gemacht wird. Darauf, zum Beispiel, kann ich getrost verzichten.

Da sind mir dann Foodtrucks lieber, die sich auf eine Sache konzentrieren. In New York hat ein ehemaliger Banker aus der Ukraine einen Truck gekauft und verkauft seither Semmeln mit Wiener Schnitzel. Die Leute stehen, wo immer er gerade ist, einen Block weit Schlange.

So ergibt dieses Konzept auch Sinn. Du kannst machen, was du willst, es muss nur gut sein. Eine richtig gute Currywurst. Ein fantastischer Burger. Und wenn es ein Radieschenbrot mit Rührei ist: Es muss einzigartig sein und schmecken, dann wirst du dein Publikum haben. Denn der Erfolg eines Foodtrucks oder eines Streetfood-Stands steht und fällt mit der Qualität des Essens – und nicht mit der Reproduktion eines angesagten Lifestyles. Und auf eine beschissene Linsensuppe habe ich auch keine Lust, wenn ich sie an einem bezaubernd romantischen Streetfood-Stand in der Frankfurter Innenstadt kaufe.

WARUM SOLL ICH MEINEN HERD NICHT VERWENDEN?

Eine Frage beschäftigt mich in jedem Herbst, wenn die Kochbücher zu den neuen Foodtrends erscheinen: Warum gibt es so viele Scheißtrends? Auf welchem Trip muss die Menschheit sein, wenn sie jetzt schon die Abschaffung der Küche als Trend ausruft und Raw Food zelebriert?

Ich werde meine Lebensmittel auch in Zukunft auf dem Herd kochen. Und ich werde auch nicht so essen, als wäre ich in der Steinzeit stehen geblieben. Meine Paläodiät bestünde sowieso aus geschmortem und kurz gebratenem Mammut. Aber Mammuts sind gerade so schwer zu kriegen, **DESHALB VERZICHTE ICH AUCH AUF DIE DIÄT.**

DAS PRODUKT, ÜBER DAS AM MEISTEN GESTRITTEN WIRD

(SAMT DEN BESTEN GERICHTEN AUS FOIE GRAS)

Es gibt kein Lebensmittel, das mehr polarisiert als Gänse- oder Entenstopfleber. Ich persönlich – aber darum soll es ausnahmsweise einmal nicht gehen – brauche weder die eine noch die andere. Aber es gibt unzählige Gäste, für die ein Gericht mit Foie gras zu einem ansprechenden kulinarischen Erlebnis gehört. Und es gab viele Gastköche, die ihre Foie-gras-Gerichte mit in den „Hangar-7" bringen wollten.

Sobald es jedoch um Foie gras geht, kommt augenblicklich eine moralische Komponente ins Spiel. Es gibt viele Menschen, die es für absolut indiskutabel halten, Foie gras zu essen – und das ist ihr gutes Recht. Es zwingt sie ja niemand dazu.

Aber das ist ihnen nicht genug. Sie möchten, und darin sind sie sehr kategorisch, dass auch niemand sonst Foie gras isst, verarbeitet, bestellt, verkauft oder produziert. Als ich zum Beispiel mit meiner Frau in ein Tattoostudio ging, weil wir uns zu unserer Hochzeit keine Ringe, sondern ein Tattoo für immer schenken wollten, kam mir eine junge Mitarbeiterin entgegen und sagte: „Ich werde alles tun, dass Sie hier nicht tätowiert werden. Weil Sie beim Kochen Gänsestopfleber verwenden, das habe ich im Fernsehen gesehen."

Wir sind dann doch tätowiert worden – eine Unendlichkeitsschleife mit dem Schriftzug „Vergeben" auf dem Handgelenk –, aber das Thema war damit natürlich nicht aus der Welt. Wann immer sich jemand per Mail bei uns über irgendetwas beschwert hat, wusste ich, dass es mit höchster Wahrscheinlichkeit wieder um Gänsestopfleber geht.

Es ist sogar eine Journalistin auf mich zugekommen, die eine engagierte Tierschützerin ist. Ich war sicher, dass sie mich in der Luft zerreißt. Aber wir haben dann zwei Stunden lang miteinander geredet, und ich hatte die Möglichkeit, ihr meine Sicht auf die Dinge darzulegen.

Ich sagte ihr, dass ich an die Gerechtigkeit der Welt glaube. Ich glaube an Gerechtigkeit im Leben. Ich bin auch ein totaler Gegner davon, wenn Lebewesen bewusst gequält werden. Aber ich glaube, dass man Gänse stopfen kann und dass das nicht automatisch bedeutet, dass sie gequält werden. Ich würde es am Produkt schmecken, wenn die Tiere unter Qualen gelebt haben.

Es gibt sehr gute Gänsestopfleber, und es gibt noch viel mehr sehr schlechte Gänsestopfleber. Bei der ganz schlechten Gänsestopfleber kann ich davon ausgehen, dass die Tiere gelitten haben. Bei der ganz guten habe ich ein besseres Gefühl – auch wenn ich, wie gesagt, selbst kein Fan von Foie gras bin. Es muss den Gänsen und Enten besser ergangen sein, weil sonst das Produkt nicht gut wäre. Dieser Zusammenhang ist für mich evident.

Außerdem bin ich der Meinung, dass im Universum Gerechtigkeit herrscht und dass die Gans, die leiden muss, in einem früheren Leben wahrscheinlich einem Affen bei lebendigem Leib das Hirn aus dem Kopf gefressen hat. Oder so ähnlich. An so etwas muss ich glauben, weil es sonst im Leben zu viele Ungereimtheiten gäbe.

Die Journalistin hat einen guten Bericht über das Gespräch geschrieben, ich war erstaunt. Sie wird selbst nie Gänsestopfleber essen, aber sie hat akzeptiert, wie ich denke.

Mir geht es dabei gut. Wenn mir jemand juristisch kommen möchte, antworte ich: Solange es nicht gesetzlich verboten ist, Foie Gras zu produzieren, zu kaufen, zuzubereiten und zu verkaufen, kann ich sie meinen Gästen nicht vorenthalten.

Und obwohl Gänsestopfleber das Produkt ist, das am meisten polarisiert, haben wir daraus sensationelle Gerichte zubereitet:

Massimo Bottura hat mit dem Magnum von der Gänseleber mit Haselnüssen und Aceto balsamico ein geniales Gericht geschaffen.

Pascal Barbot steuerte eine Gänsestopfleber-Champignon-Apfel-Torte bei, ein Hammer.

Thierry Marx kochte eine Gänseleberterrine mit Schokolade und Passionsfrucht.

Claus-Peter Lumpp hatte eine Variation von Gänsestopfleber mit Rhabarber und Portwein im Programm. Dazu gab es ein sensationelles Portweingelee.

Am spannendsten aber war wohl das Gericht von Alex Atala aus São Paulo. Der briet eine Gänsestopfleber, gab gepoppten Wildreis, Haselnüsse und ein Cambucisorbet dazu, das Sorbet von einer Amazonasfrucht, und komplettierte das Ganze mit einem Dashisud, einer Katsuobushibrühe. Das würfelte einige Essgewohnheiten durcheinander, schmeckte grandios und zeigte einmal mehr, dass sich offenbar noch immer viele internationale Köche vom Produkt Gänsestopfleber inspirieren lassen.

MAGNUM VON DER GÄNSESTOPFLEBER

Von Massimo Bottura

LEBERPARFAIT
200 g Stopfleber von der Ente (geputzt)
5 cl Calvados
1 Msp. Gewürznelkenpulver
1 Msp. Zimtpulver
Salz, Pfeffer
4 TL alten Balsamicoessig

NUSSKRUSTE
20 ml Wasser
50 g Zucker
1/2 Vanilleschote
Orangenzeste
50 g Mandeln, gehackt
50 g Haselnüsse, gehackt

LEBERPARFAIT
Die geputzte Leber mit Calvados, Nelken und Zimtpulver, Salz und Pfeffer 6 Stunden marinieren. Die Leber in eine Terrinenform pressen und 35 Minuten bei 55 °C im Ofen garen. Die gegarte Leber mindestens 24 Stunden abkühlen lassen, bevor man sie in vier 8 cm lange, 5 cm breite und 1,5 cm hohe Stücke schneidet. Mit einem spitzen Gegenstand eine Mulde aus den Stücken kratzen, wo man den Balsamico einfüllt. Mit der ausgekratzten Leber die Mulde wieder abschließen.

NUSSKRUSTE
Das Wasser mit dem Zucker, der Vanille und der Orangenschale zum Kochen bringen. Die Nüsse dazugeben. 2 Minuten köcheln lassen und dann abpassieren. Die Nüsse auf ein Blech mit Backpapier legen und im Ofen ca. 4 Minuten bei 200 °C kristallisieren lassen. Aus dem Ofen nehmen und abkühlen lassen.

ANRICHTEN
Die mit Balsamico gefüllten Leberstücke in den Nüssen wälzen und an einem Ende ein Eisstäbchen einstecken.

LEBENSMITTEL, AUF DIE ICH NIE MEHR VERZICHTEN MÖCHTE

Jeder Koch hat sein eigenes Arsenal an besten Lebensmitteln. Olivenöle, Essige, Sojasaucen und Fischsaucen. Das ist auch ganz richtig so, denn diese Produkte geben jedem Gericht ihren ganz speziellen Charakter.

Mit Fischsaucen machte ich in Asien tolle Erfahrungen. Meine beste Fischsauce habe ich aber in Cetara an der Amalfiküste kennengelernt. Die heißt Colatura di Alici, und ich durfte einmal bei der Produktion mitmachen. Ganz viele Menschen haben total konzentriert Anchovis geputzt. Sie haben aus jedem Fisch die Innereien herausgetan und jeden Kopf weggeschnitten.

Diese Sorgfalt kann man sich in Asien bei der Herstellung einer Fischsauce eher nicht vorstellen. In Asien werden die ganzen Fische einfach in Holzfässer eingelegt und fermentiert.

In Italien wird der geputzte Fisch Schicht für Schicht in das Holzfass gelegt. Dann wird jede Schicht gesalzen und anschließend gepresst, damit die Dichte zunimmt. Und dann steht dieses Fass etwa zwei Jahre bei einer konstanten Temperatur von fünfundzwanzig Grad da, bis schließlich unten die braune, aber komplett klare Flüssigkeit herauskommt.

Mit dieser Colatura di Alici habe ich sehr viel gearbeitet, vor allem während meiner Zeit auf Mallorca. Damals waren Olivenöle, Essige und die Fischsauce meine ständigen Begleiter, ich habe – wie ich mir heute schon selbst kaum mehr vorstellen kann – fünf Jahre lang ganz ohne Butter und Sahne gekocht, abgesehen von den Desserts. Meine Fonds habe ich nur mit Olivenöl und Essig abgeschmeckt. Als ich dann meinen Job im „Ca's Puers" quittierte, schrieb eine Zeitung: „Trettl packt seinen Essig und sein Öl ein und verlässt die Insel."

So hat jeder Koch seine Lieblingsprodukte. Martin Dalsass hat zum Beispiel eine total abgefahrene Olivenöl-Philosophie, der verwendet für praktisch jedes Gericht ein anderes Olivenöl. Und er hat absolut recht. Weil scharfes Olivenöl vielleicht zu Fleisch oder einer Rotbarbe passt, aber nicht zu einem Saibling, weil es den zarten Geschmack vom Fisch einfach erschlägt. Und so weiter.

Auch bei der Sojasauce steht uns die Erleuchtung noch bevor. Denn man mag es glauben oder nicht, aber es gibt auch andere Sojasaucen als Kikkoman. Richtig tolle Produkte. Die habe ich witzigerweise nicht einmal in Japan kennengelernt, obwohl ich dort ja ein Jahr gelebt habe. Die besten Sojasaucen habe ich durch einen Belgier kennengelernt, der Lieferant von Sergio Herman war. Der hat ganz unterschiedliche Sojasaucen im Angebot: helle, dunkle, komplett verschiedene Geschmacksrichtungen.

Das ist großartig, aber man darf es auch nicht unterschätzen. Denn wenn man den Eigengeschmack dieser Grundprodukte nicht einberechnet, kann man ganz leicht seine Gerichte damit versauen. Olivenöl ist nicht gleich Olivenöl, so wie Sojasauce nicht gleich Sojasauce ist. Eine Sojasauce kann jedem Gericht einen großartigen Geschmack geben, wenn man weiß, wie. Ich setze die japanische Sojasauce aus Belgien für fast alles ein, sie kommt zum Beispiel auch in meine Bolognese und ganz sicher in jede Vinaigrette für meine Salate.

Auf Salz kann ich vielleicht verzichten. Auf meine Sojasaucen jedoch nicht.

Und damit hat sich auch schon die Frage nach den vielen Salzen erledigt, die es momentan zu kaufen gibt. Ich brauche kein Himalajasalz und kein aromatisiertes Salz. Mir genügen für das Finishing eines Gerichts ein paar Flocken Maldon-Salz. Für die Würze sorgen meine Saucen.

Auch der Essig ist ein ganz wichtiger Partner in der Küche. Säure ist für mich essenziell. Erst der richtige Einsatz von Säure erzeugt im Gericht die Harmonie, nach der man sich sehnt. Jedenfalls, wenn man die richtige Menge einsetzt. Und vor allem, wenn man die richtige Säure zur Hand hat.

Säure heißt ja nicht nur immer Zitronensaft. Säure kann genauso Yuzusaft bedeuten, was wieder einen ganz eigenen Charakter hat, einen völlig anderen Geschmack. Und es gibt so viele großartige Essige. Ein Rotweinessig kann lieblich sein und süß, er kann aggressiv und rustikal sein, was auch manchmal passt. Erwin Gegenbauer produziert in Wien fantastische Fruchtessige, die er direkt aus seinem Obst und Gemüse vergärt, sodass die Aromen klar und authentisch sind, mit ihnen kann man sehr sensibel kochen. Und dann die unzähligen Balsamessige. Ein fünfzehnjähriger Balsamico schmeckt ganz anders als ein dreijähriger. Da habe ich in Modena bei Massimo Bottura einen tollen Crashkurs bekommen, weil wir uns bei Produzenten umgesehen haben, die auf ihren Dachböden die Fässer lagern. Sehr cool. Wenn du den Aufwand siehst, der dabei betrieben wird, verstehst du auf einmal auch die Preise dieser Essige. Und du weißt, dass ein Balsamico, den es im Supermarkt für 2,40 Euro gibt, nichts taugen kann.

BIOMÄSSIG BIN ICH ATHEIST

Ich habe überhaupt kein Problem mit bio. Ich halte bio für wichtig und unterstützenswert. Aber die besten Lebensmittel, die ich in meinem Leben verarbeitet oder gegessen habe – Fleisch, Obst oder Gemüse – haben kein Biosiegel getragen.

Das letzte Kapitel

Das Buch ist fertig. Gerade habe ich das komplette Manuskript von *Serviert* noch einmal in einem Rutsch durchgelesen. Das Buch ist, wie ich bin: Es nimmt das Maul ganz schön voll. Es nörgelt herum, stellt alte Gewissheiten infrage und wird, so fürchte ich, zu einigen Telefonaten führen, in denen ich alten Wegbegleitern erklären muss, dass ich nicht etwa „Magic Mushrooms" gefrühstückt habe, bevor ich mich an den Schreibtisch gesetzt habe.

Nicht, dass ich zurückrudern möchte. Alles, was ich in diesem Buch aufgeschrieben habe, ist mir wichtig. Alles, was ich verändern möchte, gehört verändert. Ziel ist dabei – und ein paar werden jetzt den Kopf schütteln und sagen: Da redet der Richtige! –, die Egoismen der handelnden Hauptfiguren zu demontieren und die vorhandene Leidenschaft für das Gute, das Bessere, das Beste in eine schöne, neue Welt der Gastronomie zu überführen.

Denn bei allen Schimpftiraden geht es mir doch immer nur um eines: dass ich an einen Ort komme, in dessen Atmosphäre ich mich so wohlfühle, dass ich mir wie zu Hause gleich die Schuhe ausziehe.

Dass mir zum Genuss befähigte und vom Genuss begeisterte Menschen zu essen und zu trinken geben, wie es ihnen am besten gefällt, und dass der Funke zu mir überspringt, sodass ich ihre Begeisterung teilen kann.

Und das ist gar nicht so schwierig. Wenn mir in Tulln beim „Sodoma" eine perfekt gegarte Kalbleberscheibe mit einem Klecks Kartoffelpüree auf den Tisch gestellt wird, bin ich genauso glücklich wie vor dem etwas avancierteren Hokkaido-Seeigel von Richard Ekkebus. Wenn mir jemand ein Stück von einem frisch gebackenen Sauerteigbrot abschneidet, ist der Genuss genauso groß wie bei dem Marshmallow-Dessert von Daniel Patterson.

Aber es ist eben doch schwierig genug. Denn es geht ja nicht nur um uns: um die handelnden Personen, deren Ideen, Leidenschaften, Spleens und Spinnereien. Die Gastronomie – dieses herrliche, wunderbare Feld, wo Menschen auf Menschen treffen, sie bewirten, ihren Durst und ihren Hunger stillen und ständig das Ziel vor Augen haben, dem anderen Genuss zu bereiten – ist keine Insel. Die Gastronomie ist vielmehr ein Schiff, das durch einen ziemlichen Sturm navigiert, durch ständigen Regen, schwere See, Nebel und allerhand zusätzliche Behinderungen, die den Boden unter unseren Füßen zum Schwanken bringen.

Über diese Flut an Mühsal habe ich im Buch viel weniger geklagt als über Details und Kollegen, mit denen ich doch im Endeffekt Schulter an Schulter für das Wohl des Gastes kämpfe. Was aber nicht heißen soll, dass mir die neue Saatgutverordnung am Arsch vorbeigeht. Tut sie nicht. Ich halte auch die neue Allergenverordnung für lächerlich (und für eine essenzielle Behinderung beim Kochen). Immer neue Steuern machen das Wirtschaften immer schwieriger. Registrierkassen, die per Funk mit dem Finanzamt verbunden sind, sind eine Bürde – und ein gesetzlich verordnetes Zeichen des Misstrauens, das der Staat den Gastronomen entgegenbringt. Die Lehrlingsausbildung ist eine Wüste und gehört grundlegend reformiert. Die Arbeitsstundenregelungen sind eine Augenauswischerei.

In diesem schlingernden Boot sitze auch ich. Und ich möchte niemals aussteigen, denn die Gastronomie ist mein Leben – so wie sie das Leben vieler ist, die ich in diesem Buch kritisiere.

Mag sein, dass diese Kritik als harsch und großmäulig empfunden wird – geschenkt. Die Zweifel, die ich an mir und meinen Einschätzungen habe, muss ich sowieso allein mit mir austragen. Jeden Tag. Jede Nacht.

Ich hoffe also, dass mir die Concierge, die sich auf den Schlips getreten fühlt, auch in Zukunft einen Tisch gibt. Dass sich kein Sommelier weigert, mir einen frischen Weißburgunder einzuschenken. Dass es sich vielleicht sogar einmal ergibt, dass Herr Hohenlohe vom *Gault Millau* und ich an einer Bar stehen und nicht über alles, aber vielleicht über etwas Einigkeit erzielen.

Das „Schmeichelweiche", habe ich im Vorwort geschrieben, liegt mir nicht. **DAS UNVERSÖHNLICHE LIEGT MIR NOCH VIEL WENIGER.**

DANKSAGUNG

„Wie, du bedankst dich?"

Das war die erstaunte Aussage meiner Frau, als ich ihr die Idee unterbreitete, dass ich eine Danksagung fürs Buch schreiben möchte.

Liebe Gastköche, ohne euch wäre mein kulinarisches Leben nicht lebenswert.

Bei Herrn Witzigmann und Herrn Mateschitz kann ich mich nie genug bedanken. Und wenn ich erfahre, dass Herr Mateschitz das Buch liest, werde ich wohl zwei Tränen vergießen.

Dem Verlag um Jürgen Brandt: Cool, dass ihr so mutig seid (oder in meinen Worten: dass ihr die Eier dafür habt), mit so einem Wahnsinnigen wie mir ein Buch zu machen. Beim Anwalt bedanke ich mich, dass er mir nicht alles gestrichen hat.

Unsere Agentin Lianne Kolf und ihr Team muss ich unbedingt noch mal zum Essen einladen.

Vor meinem Ex-„Hangar-7"-Team – Martin Klein, Jörg Bruch, Tomi Dananic, Martin Ebert und Andi Bitsch, Manuel Lechner, Ondrej Kovar, den besten Patissiers Christoph Lindpointner und

Dominik Fizz und vielen anderen – verneige ich mich. Und ich verneige mich vor vielen Gästen.

Christoph Schulte hat mich als Ghostwriter jahrelang mit super Texten begleitet und ist übrigens einer der wenigen Menschen, die noch mehr essen können als ich.

Ohne Helge Kirchberger würde es wohl keine Fotos in meinem Leben geben. Der Arme musste mich schon so oft fotografieren – und vor allem meine Spinnereien aushalten.

Eine Freundschaft wie die von Markus Meindl ist wertvoller als alles Geld der Welt.

Lieber Christian Seiler, ich werde nie so gut kochen können, wie du schreibst. Vor allem nicht mit so einer Ruhe und zugleich in so einem Tempo. VIELEN DANK!!!

Liebe Eltern, ich danke euch von Herzen, dass ihr mir immer das Gefühl gebt, für mich da zu sein.

Wenn jemand meint, dass ich auch an ihn denken hätte sollen, kann er ja ein paar Nadeln in eine Voodoo-Puppe stecken und dabei an mich denken.

Liebste Dany, lieber Diego.
OHNE EUCH WÄRE MEIN LEBEN NICHT LEBENSWERT.

ICH LIEBE EUCH.

NAMENSVERZEICHNIS

Achatz, Grant 119, 138, 195
Acurio, Gastón 42
Adrià, Ferrán 158, 174
Alléno, Yannick 107, 108, 109, 110
Amador, Juan 62
Antony, Bernard 111
Antrag, René 195
Atala, Alex 220

Barbot, Pascal 71, 72, 82, 107, 179, 220
Becker, Rainer 25, 103
Biolek, Alfred 19
Boer, Jonnie 169
Bottura, Massimo 208, 209, 212, 220, 221, 225
Breitschopf, Peter 122
Brevet, Jannis 159
Bruch, Jörg 50

Caminada, Andreas 126, 213
Chalermkittichai, Ian Pongtawat 164
Chapa, Martha Ortiz 127
Chiang, André 207
Clift, Ryan 197, 198
Colagreco, Mauro 71
Couet, Danyel 154
Cracco, Carlo 25, 185, 187, 213

Dahlgren, Mathias 142
Dalsass, Martin 25, 107, 224

Delouvrier, Christian 107
Demetz, Aron 48
Depardieu, Gérard 38, 39, 40, 109, 110
Dollase, Jürgen 122
Ducasse, Alain 156

Ek, Magnus 152, 184
Ekkebus, Richard 70, 141, 228
Erfort, Klaus 84, 111
Escoffier, Auguste 157

Ferrantino, Matteo 81
Franz, Stefan 16
Frantzén, Björn 65, 142, 152, 154

García, Dani 120, 143, 174
Gasser, Joe 16
Gautier, Jean-Marie 36
Gegenbauer, Erwin 225
Gilmore, Peter 70, 75
Goosens, Peter 209
Gradwohl, Joachim 16
Grandits, Tanja 128
Grébaut, Bertrand 107, 155

Haas, Hans 134, 195
Haeberlin, Marc 107
Hanner, Heinz 137
Hellriegel, Andreas 14
Herman, Sergio 47, 79, 106, 119, 213, 224
Hohenlohe, Karl 10, 148, 229

Holzen, Heinz von	97, 98, 216	Meindl, Markus	48
Humm, Daniel	134	Messineo, Roberto	200
Jaeger, André	25, 131	Meyer, Claus	150
Janse, Margot	127	Morelli, Anna	126
JinR	127, 130	Mörth, Stefan	43
Juchheim, Karl Joseph Wilhelm	30	Müller, Dieter	123
Jürgens, Christian	84	Nannen, Henri	178
		Niederkofler, Norbert	25
Kammeier, Thomas	25		
Kirchberger, Helge	47	Obauer, Karl	137
Kleeberg, Kolja	207	Oliver, Jamie	210, 212
Klein, Jean-Georges	107	Olvera, Enrique	99
Klein, Martin	28, 29, 108, 116	Ooe, Kenichiro	43
Kofoed, Rasmus	152, 154	Ottolenghi, Yotam	131
Komm, Anatoly	71, 208		
Koschina, Dieter	25, 71, 81	Pairet, Paul	83
Kostner, Bernhard	14, 82	Passard, Alain	111
Kunz, Gray	25	Patterson, Daniel	82, 87, 88, 90, 91, 138, 228
Lee, Susur	183	Pellicer, Xavier	81, 82, 85
Leone, Justin	195	Pireddu, Gesumino	16
Leung, Alvin	208, 212	Pliessnig, Herbert	25
Lindeberg, Daniel	65	Poletto, Cornelia	128, 209
Linster, Lea	25, 131		
Lumpp, Claus-Peter	81, 82, 220	Redzepi, René	151, 152, 154, 158, 172, 185
Maier, Johanna	118	Reitbauer, Heinz	11, 84, 126, 178
Mälzer, Tim	210, 212	Rosin, Frank	209
Mangeleer, Gert de	134	Ryuichi, Yoshii	97, 102, 104
Marx, Thierry	220		
Mateschitz, Dietrich	22, 23, 24, 26, 28, 38	Sackmann, Jörg	25
		Samuelsson, Marcus	105

NAMENSVERZEICHNIS

Santamaria, Santi 66, 71, 81
Savage, Brent 71
Scabin, Davide 63, 200
Schmidt, Peter 30
Schuhbeck, Alfons 16
Schwaiger, Gerhard 24
Siebeck, Wolfram 122
Sigg, Rainer 16, 41
Spoerri, Daniel 162
Stromann, Christian 125
Svensson, Paul 154

Thompson, David 25, 71, 97, 161
Thuriot, Stéphane 195

Unterhofer, Karl 17

Välimäki, Hans 172
Violier, Benoît 188
Vongerichten, Jean-Georges 25, 71, 79, 107

Wagner, Christoph 122
Witzigmann, Eckart 10, 14, 15, 16 ff., 22, 25, 28, 31, 50, 52 ff., 58, 70, 95, 118, 125, 167, 193

Zacherl, Ralf 209

RESTAURANT-
VERZEICHNIS

Abac	81
Amadé	17
Amber	140, 141
Arpège	111
Aubergine	14, 16, 17, 25, 31
Bareiss	81
Bo Innovation	140
Bumbu Bali	98
Ca's Puers	10, 18, 19, 31, 142, 224
Café Gray	25
Caprice	140
Chez Dominique	172
Coi	87
Combal.Zero	200
El Bulli	158
Elkano	70
F12	154
Fischerzunft	25
Fontaine Gaillon	39
Frantzén-Lindeberg	65
Geranium	152
Hangar-7	10, 23, 26, 42, 45, 50, 61, 94, 104, 115, 124, 128, 138, 155, 187, 198
Hôtel du Palais	36
Ikarus	43, 142, 147
Königshof	195
Le Meurice	108, 109
Lee Restaurant	183
Lung King Heen	103
Momofuku	185
Noma	141, 151, 152, 158, 173, 199
Nopi	131
Oaxen	141, 184
Old Sluis	80
Otto e Mezzo	140
Palio	14
Patscheiderhof	11, 71, 79
Pier 1	11
Plaza Athenée	155, 156
Roka	103, 104
Santabbondio	25
Schwa	188
Septime	107, 195
Sodoma	228
Spice Market	11
Steirereck	141, 180, 183, 189, 195
Tantris	16, 17, 31, 195
Tippling Club	197
Tristán	24
Vila Joya	25, 81
Whampoa Club	37
Yardbird	46, 84
Yoshii	104
Zuma	25, 103, 104

STICHWORTVERZEICHNIS

Amuse-Bouche	159, 160	Gänsestopfleber	219, 220, 221
		García-Tomate	62
Bäckerei Joseph	180	Gastrovac	63
Beef	126	*Gault Millau*	10, 123, 140, 147, 148, 149, 179, 229
Big Green Egg	64		
Blog	125	Gorgonzola	62
Bonito Flakes (auch: Bonitoflocken)	32	*Guide Michelin*	10, 84, 131, 139, 140
Cashew	62	Hagebaumarkt	192
Château Margaux	170	Hoja Santa	99
Colatura di Alici	223	Holzwerk	48
Cook Inc.	126		
Cuitlacoche	100	Josper-Grill	65
		Jiro träumt von Sushi	103
Dashi	31		
Der Feinschmecker	126	Kikkoman	32, 224
Destillator	63	Kobe Beef	41, 44
Dim Sum	102	Koppert Cress	172
Do&Co	58		
		Lohberger	48
Effilee	126		
		Maíz Morado	100
		Mercado Sonora	100
Facebook	124, 152	Molekularküche	158
Falkensteiner Hotels	204		
Family Style	161	Nespresso	200
Fashion Food	47	Nigiri	102, 103, 104, 164
Foie gras	218, 219, 221	Nordic Cuisine	99, 150, 151, 152, 153, 154, 188
Foodsharing	161		
Foodtruck	215	Nouvelle Cuisine	157, 188
Fool	126	Nyepi	98
Frankfurter Allgemeine	124		
Fukushima	102	Obelix	40

Pacojet	65
Paläodiät	217
Pedro Ximénez	81
Petit four	184
Raw Food	217
Red Bull	22
Regionalität	215
Rewe-Markt	192
Rolling Pin	125
Sake	195
Salatbuffet	203
Salzburger Festspiele	138
Sashimi	102
Signaturgericht	116
Snack	178
Sojasauce	32
Sommelier	193
Sous-Vide-Garer	65
Standard	124
Sternefresser	124, 125
Stickstoff	174
Streetfood	215
Sukiyaki	33, 44
Sushi	102
Tandoor-Ofen	62
Tataki	33
Thaiküche	161
Thermomix	65
Tournieren	176
TripAdvisor	125

Veganer	194
Viktualienmarkt	20
Wagyu-Rind	31, 33
Wok	61
Yakitori	84
Yuzu	196

BILDNACHWEIS

S. 21, 39, 83, 153, 168, 179, 185, 191, 214 (Helge Kirchberger);
S. 32, 43 (Osamu Matsuba); S. 64 (James Holms); S. 70 (Andrew Green);
S. 80 (Rutger Pauw); S. 89 (Carlo Curz); S. 153 (Florian Grill);
S. 175 (Jesus Chacón); S. 198 (Mark Teo); S. 211 (Kar Fai Tong);
S. 101, 130, 182;
Fotos © Hangar-7/Red Bull Photo Files.

S. 66, 72, 75, 85, 91, 120, 143, 164, 221:
Fotos © Hangar-7/Red Bull Photo Files/Helge Kirchberger.

S. 12, 49, 206, U2/U3:
Fotos © Helge Kirchberger – Roland Trettl.

S. 112, 113:
Fotos © Roland Trettl, privat.